人生が好転する
ブレない心を育てるコツ

心理カウンセラー
植西 聰

100万人の教科書

JINGUKAN

まえがき

人間は、プラスの言葉を使うと、潜在意識にプラスの想念がインプットされ、ラッキーな現象が実際に起こります。

反対に、マイナスの言葉ばかりを使うと、潜在意識にはマイナスの想念がインプットされ、不運なことが起きてしまいます。

運の良い人、願望がかなう人、成功をおさめる人たちは、この潜在意識と現実に起きることの関係を知っており、同時に言葉の選び方も知っています。

言い換えれば、元気で明るくなるようなプラスの言葉を口ぐせのように用いていると、マインドレベルは上昇し、それに呼応する形で願望実現や成功を担うチャンスをつかみやすくなるのです。

年齢にたとえて考えてみるとわかりやすいかもしれません。三十歳の誕生日を迎えたとき、「もう三十代になってしまった」という思いがあると、それに連動して、「もう若くはない」「先は知れている」というマイナスの言葉を使ってしまいがちになります。すると何事にも積極的にチャレンジする意欲がなくなり、結果的に目の前にあるチャンスを逃すことにもつながります。

反対に「まだ三十歳だ」という思いがあると、「まだまだ若い」「これからが本番だ」というプラスの言葉を使い、何事にも積極的に取り組み、最後には成功をおさめるチャンスをその手でつかむことになるのです。

日常生活におけるちょっとした言葉の使い方が、潜在意識を動かし、それが運気を呼び込んだり、反対に遠ざけたりするのです。人生が好転する心を育てるには人生が好転する言葉があるのです。

なかなか自分の思い通りに物事が運ばない人にとって、本書がひとつのバイブルになってもらえたらこれ以上の喜びはありません。

植西　聰

人生が好転する ブレない心を育てるコツ

もくじ

まえがき……2

第1章 他人から好かれるための究極の言葉

1 チャンスは人が運んでくれる。……18
願望達成や成功のチャンスというものは、「人によってもたらされる」ことを忘れてはなりません。

2 私が変われば相手も変わる。……20
人間関係は鏡のようなものです。

3 相手を立てよう。……22
人間関係を改善するための最高の特効薬は「相手を優越感に浸らせてあげる」ことです。

4 皆、私よりも優れている。……24
人は誰でも自分の価値を認めてもらいたがっています。大胆に人の価値を認めることです。

5 彼（彼女）の○○がすごい。……26
相手の良い点にいつも着目すれば、双方に有益な結果をもたらしてくれます。

6 ○○してあげよう。…… 28
あなたが自分に望むことを人にもしてあげましょう。

7 なるほど、そういう考えもある。…… 30
自分の生き方・考え方を認めてもらいたければ、まず相手の生き方・考え方を認めることです。

8 親切の種をまこう。…… 32
愛と善意を人に与えましょう。与えれば与えるほどあなたは受け取ることができます。

9 今日も明るくいこう。…… 34
明るさは人に好かれるための大事な要素です。
つらいことや悲しいことがあっても明るく振る舞いましょう。

10 おかげさまで。…… 36
あなたが良き成果を願うなら、感謝の法則に従わなくてはなりません。

コラム1 言ってはいけない言葉
「いいことなんか、ちっとも起きない」…… 38

第2章 逆境・試練・難関に打ち勝つ言葉

1 人間、良いときもあれば悪いときもある。…… 40
人生に生涯凍結ということはありえません。
冬は必ず春となり、時がくれば美しい花を咲かせます。

2 困難があるからおもしろい。 …… 42
苦しめられているときにこそ、人は人生の醍醐味を知るようになります。

3 これには意味がある。 …… 44
あなたの体験することにはすべてなんらかの意味があります。

4 今、何かを学ぶ好機かもしれない。 …… 46
逆境や試練を「勉強」という言葉に置き換えましょう。
それを乗り越えたとき一段と大きな人間になります。

5 これは良いことが起きる前ぶれだ。 …… 48
あらゆる災いの中に幸せの芽が潜んでいます。

6 これ以上、悪くなりようがない。 …… 50
やることなすことすべてがうまくいかない最悪の時期を歓迎しましょう。

7 これで悪いものは全部出し切った。 …… 52
不運に見舞われたとき心は浄化され、悪いものはすべて消え去るのだということを思い出すことです。

8 あまり難しく考えないほうがいい。 …… 54
何もしないうちからあれこれと悩むのはナンセンスです。
行動に移せば、すんなりと解決することが多いものです。

9 ほかにも方法はあるはずだ。 …… 56
問題に直面したときは発想を変えましょう。発想を変えれば問題も解決するようになります。

⑩ つらいときこそ笑おう。 …… 58
笑いは元気の特効薬です。心の中がマイナスの感情でいっぱいになったときこそ笑い飛ばしてしまいましょう。

⑪ あのときは楽しかった。 …… 60
愉快な想像は、やる気、活気、陽気を呼び起こす簡単で効果的な方法です。

⑫ どっちに転んでもいい。 …… 62
神のプランは、自分が考えているどのプランよりも、はるかに素晴らしいことを忘れてはなりません。

コラム2 言ってはいけない言葉
「やっぱりうまくいかない」 …… 64

第3章 マインドレベルがアップする言葉

① 運命はいくらでも変えられる。 …… 66
人間というものは、心がまえを変えることによって、人生そのものを変えることができる唯一の動物です。

② 運命は私が決める。 …… 68
自分の未来は、今自分が何を考えているかで決まってしまいます。

③ どんなことでも、したことは返る。 …… 70
原因なくしては何事も起こりません。そして、その原因はあなた自身が作り出すものなのです。

4 ○○をやめれば、こんなに良くなる。……72
良い習慣を身につけましょう。良い習慣は良い人生の道案内をしてくれます。

5 まだ○○円もある。……74
財布の中に「五千円しかない」と思うのと、「五千円もある」と思うのでは、心的態度も違ってきます。

6 私にはこんなに良いところがある。……76
人間は皆、すばらしい才能や魅力を備えています。ただ、それに気づく人があまりに少ないのです。

7 ○○したと思えばいい。……78
自分が不快な状態にあるとしたら、今すぐに思考方法を変えましょう。そうすればすべてが変わっていきます。

8 おかげで○○ができる。……80
何事も自分に都合良く解釈するくせを身につけましょう。善が善を呼んで都合の良い現象が起きるようになります。

9 いい勉強になった。……82
失敗を教訓にするかしないかで、自分の人生は天と地ほどの開きが生じてきます。

10 あの人に比べたらまだマシだ。……84
この世にはあなたよりも良くない環境の人が、たくさんいることを忘れてはなりません。

11 こんなのたいしたことはない。……86
小さなことでクヨクヨしている暇があったら、その悩みに真正面から向き合いましょう。案外すんなりと解決します。

12 これはどうでもいいことだ。……88
人生でもっとも愚かな行為は、つまらないことでエネルギーを費やしてしまうことです。

13 私は大丈夫！……90
他者暗示の力は強烈です。マイナスの情報をできるだけ遮断しましょう。

14 頭を切り替えよう。……92
感情が運命を大きく左右していることに気づきましょう。感情のコントロールができる人が人生の勝者です。

コラム3 言ってはいけない言葉「○○だから……」……94

第4章 仕事で成功をおさめる最上の言葉

1 私はこの仕事が大好きだ。……96
仕事で成功をおさめるための絶対条件は、天職に目覚めることです。

2 これだけは誰にも負けない。……98
人は誰でも天から〝特技〟を与えられています。その特技を見つけ、成功するのは時間の問題です。

3 よし、すぐにやろう。 …… 100
「今日、行動を起こそう」と考える人と、「明日、行動を起こそう」と考える人では、その後の展開に天地の開きが生じてきます。

4 モノは試しだ。とにかくやってみよう。 …… 102
「うまくできるだろうか」という不安が頭をよぎったら、まずは行動を起こしなさい。不安は程なく解消されます。

5 もう少しだけ頑張ってみよう。 …… 104
おもしろい法則があります。仕事の成果というものは「あきらめの悪い人」が手にするということです。

6 人と違ったことをやろう。 …… 106
仕事で成功をおさめたければ「みんなと同じでいい」という感覚を捨て、オリジナリティに磨きをかけましょう。

7 今、この仕事に全力を投入しよう。 …… 108
なんの仕事でも、それがどんなにつまらない仕事でも、真面目に取り組めば必ず報われるときがやってきます。

8 継続は力なり。 …… 110
仕事で成功をおさめるためには知識や知恵や体験も大切ですが、もっと大切なのは一つのことを継続することです。

9 どこに問題があるのだろう。……112
問題は失敗することにあるのではなく、失敗したとき、どう対処するかなのです。

10 あなたはどう思う？……114
他人の意見を聞くとき、建設的意見には大いに耳を傾けましょう。
問題解決の糸口が見えてくるかもしれません。

11 さっさと謝ろう。……116
さっさと謝ることができるのは、仕事の成功に不可欠な一つの立派な能力です。

12 今が絶好のチャンスだ！……118
絶好のチャンスというものは、どんな人にも天から共通に与えられています。

13 これはゴールではなく、新たなスタートだ。……120
安楽のクッションに座っていると、人は眠りこけてしまうので注意が必要です。

コラム4 言ってはいけない言葉 「忙しい。忙しい」……122

第5章 願望をかなえる魔法の言葉

1 強く願えば必ず実現する。……124
願望は人間が生きていくうえでの最高の栄養素です。

2 私の夢はこうなることだ。……126
あなたの願望が細部にわたって描かれたとき、それは現実のものになります。

3 なんのためにそうなりたいのか？……128
動機が不純だと、仮に願望がかなってもその人は不幸になります。

4 他人は他人、自分は自分。……130
他人には幸福につながる願望であっても、
あなたにとっては不幸を呼び込む場合もあることを忘れてはなりません。

5 いついつまでにこうなる。いついつまでにこうする。……132
願望を成就させたいならばタイムリミットを設けましょう。
あるとないとでは、思考も行動も大きな差が生じてきます。

6 ○○したい。……134
潜在意識に願望を引き渡すためには、想念の反復が必要です。

7 未来はこんなに楽しい。ワクワクするなあ。……136
願望がかなったシーンを心に描き、それが存在していると信じましょう。
きっと願望がかなえられた喜びを体験できます。

8 今日も眠るのが楽しみだ。……138
潜在意識に願いを刻みつける最良の時間帯は就寝前です。この時間を大切にしましょう。

9 本当にそうなる。……140
願望を活字で表し、眺める行為はものすごく大切です。その実現を熱烈に思うことにつながるからです。

10 これは未来の私だ。……142
あなたは未来を現実に見ることができます。それを信じれば本当の現実になります。

11 まるで願望がかなったみたいだ。……144
願望を先取りし、自分がそうなったかのような体験を味わえば、現実でも同じ体験が得られるようになります。

12 絶対にそうなってみせる。……146
不可能なことは、この世にありません。信念さえあれば、非常識さえ常識に転じるようになるのです。

13 毎日が変化にとんでいる。……148
願望をかなえる人は、ときとして行動パターンを変えます。そしてそれは結果的に常に正解なのです。

コラム5 言ってはいけない言葉
「あんな奴、不幸になればいいんだ」……150

第6章 毎日を楽しく生きる至福の言葉

1 自分をもっといたわろう。……152
願望実現の大敵は外部にではなく内部にあります。その一つがストレスです。

2 NOと言えるようになろう。 ……154
つまらないことで妥協したり屈服すると、精神がマイナスに傾き、ストレスが増大します。

3 人の目なんか気にしないぞ。 ……156
「みんなから良く思われたい」と考えているうちは、心が疲労困憊《こんぱい》します。
別にみんなから良く思われなくていいのです。

4 シンプルに生きよう。 ……158
よけいなモノを持たない、考えない生活を心がけましょう。
幸福の源泉はシンプルな生活の中に潜んでいるものです。

5 私にはこんなに楽しみがある。 ……160
快適な気分に浸れる時間を定期的に設けましょう。
それがあるかないかで幸福の度合いも違ってきます。

6 自分へご褒美を与えよう。 ……162
仕事を頑張った人に会社が報酬を与えるように何かをやりとげたら自分にも報酬を与えなさい。

7 童心にかえって思いっ切り遊ぼう。 ……164
人生を楽しく愉快に過ごすために、ときには童心にかえって思いっ切り遊んでみましょう。

8 運動してスッキリしよう。 ……166
心がいつもマイナスの状態だとカビが生えてしまいます。
心のカビを防止するには、体を動かし汗を流すことです。

9 今日は楽しいことがあった。……168
良い出来事だけをいつも思い出すくせをつけましょう。

10 みんなが幸せでありますように。……170
運は連鎖反応します。使えば使うほど増えていきます。

コラム6 言ってはいけない言葉 「○○になったらどうしよう」……172

第7章 富と繁栄を呼び込む至極の言葉

1 私は豊かになる。……174
金運アップはお金を愛することから始まります。
富は良きものです。無視したり否定しないことです。

2 私は正当な理由でお金を得る。……176
お金というものは、幸福になるための手段であって目的ではありません。

3 ○○のために、いくら欲しい。……178
お金が欲しいならまず、そのための目的を明確にしましょう。

4 これは生き金だ。……180
お金には心がありません。意思や魂もありません。
だから、使う人の人格によってその価値が決まってしまうのです。

5 ありがたい。こんなに得をした。……182
少しでも得をしたらオーバーに喜びましょう。その波動がさらなる得をもたらしてくれるのです。

6 私はお金持ちだ。……184
今、裕福でなくても、あたかも裕福であるかのように振る舞いましょう。それはやがて現実となります。

7 金運が良くなる。……186
暗示の力は強烈です。常に肯定的な暗示を自分自身に送るようにしていれば、どんな願いもきっとかなうはずです。

8 富を分配しよう。……188
富を得る最大の秘訣は惜しみなく人に尽くすことです。やがて十分すぎる富をあなたは手にすることができます。

第1章

他人から好かれるための究極の言葉

1 チャンスは人が運んでくれる。

願望達成や成功のチャンスというものは、「人によってもたらされる」ことを忘れてはなりません。

成功法を説いたある本をめくると、「人、モノ、お金の順番を履き違えてはならない」と力説しています。この点に関しては私もまったく異論がないのですが、最近の若い人たちの中にはこう反論する人がいるようです。

「人、モノ、お金の順番を履き違えてはならないというが、人が最後にきてもかまわないと思う。お金があれば、モノだって買えるし、人の心だって動かせる。極端な話、援助交際がそうだ。お金欲しさに彼女たちは行動している」

しかし、本当にそうでしょうか。私は違うと思うのです。たとえば、物資に乏しい危険地帯に一人放り出されたときのことを考えてみてください。そういうとき、いくらたくさんのお金を持っていても、食料と水がなければ生きていけません。つまり、生きていくうえでお金は役に立たないわけです。

でも、そういう極限状態に置かれたとき、誰かが食料と水を無償で提供してくれたら、どう思うでしょう。

「あの人は命の恩人だ」

と思えてくるのではないでしょうか。

何が言いたいかというと、**願望達成や成功のチャンスというものも例外ではなく、それらは人によってもたらされる**ということです。

松下幸之助さんが大成功をおさめることができたのも、松下電器（現パナソニック）の商品を買ってくれるお客様がいたからです。ビートルズが世界的に有名になれたのも、彼らの音楽に共感し、レコードを買ってくれる人がたくさんいたからです。

誰でも例外ではありません。今の職場で働いているのは、会社が採用してくれたからです。係長になったとしたら、上司が評価し、引き上げてくれたからです。

人は人によって生かされているのです。

したがって、好調なときに協力してくれる人間、不調なときに手を差し伸べてくれる人間を、一人でも多くつくっておくことが大切です。

2 私が変われば相手も変わる。

人間関係は鏡のようなものです。

人に接するとき、いつもどんなことを考えていますか。

相手によりけりかもしれませんが、「あの人はどうもとっつきにくいなあ」「あの人は気難しそうだから、なんて話しかけていいかわからないなあ」といったことを考えてはいませんか。もしそうなら、ましてや人から好かれたいと考えているのであれば、まず自分自身が相手を好きになる必要があります。なぜなら、人間関係は鏡のようなところがあります。

鏡に向かって自分が微笑めば、鏡の自分が微笑み返すのと同様に、**自分自身が相手に対する態度を変えれば、相手もまた自分に対する態度を変える**ようになります。

なぜ、こう断言するかというと、これも潜在意識が関係しているからです。

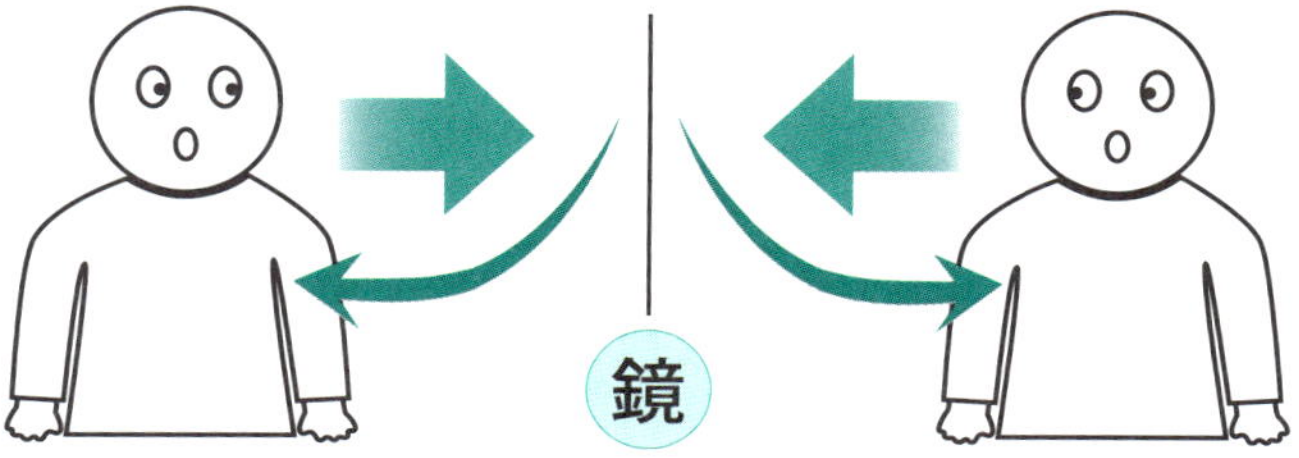

人間関係は相対する鏡のようなもの

プラスの念を送るとプラスの念が返ってくる

私たち個人の潜在意識は人間共通の潜在意識という集団の心につながっているため、相手に抱く感情は良くも悪くもブーメランのように跳ね返ってくる仕組みになっているのです。

そのため、相手に憎しみや怒りといったマイナスの念を送れば、相手もまた同様の念を送り出すことになります。

反対に**愛や善意といったプラスの念を送れば、相手もまたプラスの念を送り出してくれる**ようになるのです。

ただ、なかには「相手を好きになろうと努力したけど、相手はいっこうに自分のことを好きになってはくれない」という人もいます。

それは自分が人を惹《ひ》きつける要素を持っていないからかもしれません。

3 相手を立てよう。

人間関係を改善するための最高の特効薬は「相手を優越感に浸らせてあげる」ことです。

「人から好かれない」「人気がない」と悩んでいる人は、一つの方法として相手を快適な気持ちにさせてあげるといいでしょう。

といっても、そんなに難しく考える必要はありません。人は大なり小なり、「他人よりも優れていたい」「人から評価されたい」という自己重要感の欲求を抱いています。その欲求を満たしてあげるようにするのです。

たとえば、身近に留学経験のある英語がペラペラな人がいたら、相手に対して「留学したんだから、英語が話せて当たり前」という言い方はいただけません。そういうときこそ「さすが、留学経験のある人は発音が違いますね」という言い方をするのです。そうすれば、相手は「他の人よりも優れている」「私は特別な存在だ」という自覚が持てるため、そういう気持ちにさせてくれた人に好感を寄せること請け合いです。

そして、この**相手の自己重要感の欲求を高めるという方法は、相性の悪い人に対してとくに効果があります。**

相性の悪い人同士の心の内には、お互い「相手よりも優れていたい」「相手よりも上手でありたい」という欲求が強く働いています。それを逆手にとって、相手を立てるようにするのです。

この芸当に長《た》けていたのが、おなじみ豊臣秀吉です。

秀吉がまだ木下藤吉郎と呼ばれていたころ、織田家に柴田勝家と丹羽長秀という重臣がいました。ところが、この二人は成り上がりの藤吉郎を嫌い、何かにつけてイヤミを言ってくるのです。

そこで、藤吉郎は思い切った方法に出ました。合戦で手柄を立て、信長から大名に取り立てられたとき、二人に向かってこう言ったのです。

「丹羽様の羽の字と、柴田様の柴の字をいただいて、これからは羽柴の姓を名乗りたく存じます。お二人の武勇に少しでもあやかりたいのです」

相手を立てれば人間関係はうまくいくのです。

4 皆、私よりも優れている。

人は誰でも自分の価値を認めてもらいたがっています。大胆に人の価値を認めることです。

前項で述べたように、人は「その場において重要な存在でありたい」「他人よりも優れていたい」「他人から敬われたい」という自己重要感の欲求を抱いています。

そこで「あの人のこういう点はいいなあ」「すばらしいなあ」と思ったら、次のように見習ったり、教わる姿勢で接してみてはいかがでしょう。

「君って、本当にレポートをまとめるのが上手だね。どうすれば、君みたいに説得力のあるレポートが書けるようになるのかなあ」

「課長って、本当に交渉術に長けていますね。ボクも見習わないと」

その場合、心の底から相手を敬うことがポイントになります。そうすれば、たいていの人はほめてくれた人の真意を汲み取ってくれ、「この人のために一肌脱いであげよう」「なんとかしてあげよう」という気持ちになります。

なぜかというと、相手が愛しく思えてくるからです。では、なぜ愛しく思えるかというと、どことなく可愛げがあって、謙虚なところに惹《ひ》かれるからです。

実際、**人から成功や願望達成のチャンスを提供してもらえる人は、どの人も実に謙虚です。おごり高ぶるところがないし、腰が実に低い**のです。その根底には「他人は皆、私よりも優れている」という意識があるのです。

人に接するときは、「この人は私よりも優れている」という気持ちを抱くように努めてはいかがでしょう。仮に相手があなたよりも年下であったとしてもです。

彼らは誰も知らない最新の流行スポットを知っているかもしれないし、まだ、誰も聴いたことのない最新の音楽を聴いているかもしれない、パソコンの操作だって誰よりも上手かもしれない。その意味で、誰よりも優れている点がたくさんあるのです。

「皆、私よりも優れている」

この言葉が口ぐせのように無意識に飛び出すようになったとき、他人の自分に対する評価や態度はだいぶ違ってくるようになるのです。

5 彼（彼女）の○○がすごい。

相手の良い点にいつも着目すれば、双方に有益な結果をもたらしてくれます。

前項、前々項で相手の自己重要感の欲求を満たしてあげることの重要性について指摘しましたが、一番手っ取り早く、なおかつ簡単に行える方法として、ほめ言葉を習慣にすることをお勧めします。

ほめるという行為は、相手の能力・仕事ぶり・持ち物・ファッションなどを認めることにほかならず、そうすることで相手を優越感に浸らせることができるからです。

ただ、ひとくちにほめるといっても、いくつかのポイントがあります。

それをないがしろにすると、単なるお世辞やおべっかになってしまい、相手も「この人は下心があるのかもしれない」とか「ゴマをすろうとしているな」と警戒するようになるからです。

では、具体的にどのようなことを肝に銘じたらいいかというと、第一に、具体的にほめることです。

たとえば、上司とカラオケに行ったら、上司に向かって「課長は歌がお上手ですね」という言い方よりも、次のような言い方を心がけるのです。

「課長が歌うと迫力がありますね。こっちまで元気づけられます」

こう言われたほうが、上司だって俄然《がぜん》気分が良くなります。なぜかというと、「この人は私の歌を最後までキチンと聴いてくれ、あの部分に感動してくれたんだなあ」という気持ちになれるからです。

また、人は千差万別で、能力や仕事ぶりをほめてもらいたいという人もいれば、持ち物・ファッション・趣味をほめてもらいたいという人もいるので、二番目のポイントとして、「この人は何をほめられたら、一番うれしいだろうか」ということを吟味するといいかもしれません。

そして、できることなら人前でほめてあげましょう。これが三番目のポイントになります。「周囲の人から注目されたい」「大勢の人に認められたい」「その場において重要な存在でありたい」という欲求が瞬時に満たされるからです。

6

○○してあげよう。

あなたが自分に望むことを人にもしてあげましょう。

面識のあるなしを問わず、人に会うなり、油紙に火がついたようにペラペラとしゃべりはじめ、自己PRに躍起になる人がいますが、それは逆効果というものです。相手の自己重要感を台無しにするだけでなく、自分勝手で強引な人間という印象を与えることになるからです。

しかし、他人からチャンスを提供してもらう人は違います。自分を強引に売り込もうとはしないで、相手の立場に立って物事を考えることを優先しています。

わかりやすくいうと、

「この人はどういうことに関心があるのか」

「何に興味を持っているのか」

などなど、相手のニーズを探り出し、できる範囲で応えようとしているのです。

こういうと、難しく考える人がいるかもしれませんが、たとえば身近にある本を読みたがっている人がいたとしましょう。そうしたら、そのことを記憶しておき、次回会ったとき、こんな言葉を投げかけてみるのです。

「この前、〇〇という本をお読みになりたいとおっしゃっていましたね。偶然、家の近くの書店で見つけましたので、私も早速、読ませていただきました。たしかに興味深い内容でした。もう読み終わりましたから、どうぞ。差し上げます」

こういえば、相手だって気分が良くなり、感謝の念を抱くようになります。この積み重ねが、相手の心を引きつけることにつながっていくのです。

そのためには、

「私だったら、こういうとき、こうしてもらえるとうれしいな」

「僕だったら、こういうとき、こうしてくれたら助かる」

といったことを、絶えず念頭に入れながら、人に接していくといいかもしれません。

思いやりの気持ちとは、本来こういうことをいうのです。

7 なるほど、そういう考えもある。

自分の生き方・考え方を認めてもらいたければ、まず相手の生き方・考え方を認めることです。


「君の考え方は間違っている。あまりにも古すぎる」

「あなたが、ああいう低俗な音楽が好きだなんて、失望したわ」

こういう言葉を平気で口にする人は、他人からなかなかチャンスを提供してもらえないといっていいでしょう。理由はいたって単純です。

「あなたと私とは考え方がまるで違う。価値観が違う」

という思いが伝わってしまうため、相手もまた距離をおくようになるからです。

しかし、**考え方や価値観が異なるのは当たり前のこと**です。生まれ育った家庭環境も違えば、通った学校、得意だった科目、夢中になって読んだ本だって違います。にもかかわらず「あなたと私とでは考え方がまるで違う。価値観が違う」と言い切るのは相手を認めないことになってしまいます。

あるいは逆の立場で考えてみてください。あるミュージシャンが好きだとして、その人の曲ばかり聴いていたとします。

そのとき、友人から「あのミュージシャンのどこがいいの」と一方的にけなされたら、どんな気分になるでしょう。その人に対して不快感を抱くのではないでしょうか。

たとえ、自分の意に反していたり、賛同できない部分があったとしても、相手の言うこと、考えていることをなるべく認めてあげることです。そうすれば、相手もまた同じような接し方をするようになるのです。

それでもまだ抵抗を感じるようなら、

「あの人はなぜこう考えているのだろう?」

「あの人はどうして○○が好きなのだろう?」

といったぐあいに、相手の真意を汲み取るように努めましょう。そうすれば、共感能力みたいなものが芽生えてくるはずです。

とにかく、考え方や価値観が異なる人に対しては、いちいち反発しないで「なるほど、そういう考えもあるんだな」を口ぐせにしてしまうことです。

8 親切の種をまこう。

愛と善意を人に与えましょう。与えれば与えるほどあなたは受け取ることができます。

人に愛と善意を与えると、いつか自分にもめぐりめぐって恩恵として跳ね返ってくるので、相手にいつも親切を心がけるといいでしょう。

といっても、そんなに難しく考える必要はありません。道に迷った人に、行き方を教えてあげるだけでもいいのです。そうすれば、相手だって感謝してくれるだろうし、自分の心の中にも「良いことをした」という満足感が芽生えます。

これが、プラスの想念となって潜在意識にインプットされると、さらに人間共通の潜在意識にまで伝わり、宇宙銀行に預金をしたことになるのです。

それに加えて、親切を施してあげた相手からも感謝の念を受け取れば、それもまた宇宙銀行に預金として蓄えられるようになります。どういうことか、わかりやすいたとえを出すと、ある人が欲しい物を買おうと貯金箱にお金を貯めたとします。毎日、コツコツと貯め続けていけば、いずれ目標金額に達するため、その人は欲しい物を買うことができます。しかし、自分以外の人も、その貯金箱にお金を入れてくれれば、みるみる貯金が貯まり、もっと早く欲しい物を買うことができます。

理屈はそれと同じことなのです。

「あの人はいい人だ。おかげで助かった」

と、相手が感謝してくれれば、その念があなたの功徳と人間共通の潜在意識の中で融合し、巨大な恩恵となって自分に跳ね返ってくるようになるのです。

たとえば、電車でお年寄りなどに席を譲ってあげたり、落とし物を拾ってあげたりするだけでも、相手にとってはありがたいことです。また、職場で同僚が忙しそうに働いていたら、できそうな仕事を手伝ってあげてもいいし、そんな余裕がなかったら、何か飲み物を持っていって「頑張ってね」とねぎらいの言葉をかけてあげるだけでもかまいません。

このように、**自分のできる範囲でかまいませんので、困っている人を見かけたら救いの手を差し伸べてあげる**ことが重要です。

9

今日も明るくいこう。

明るさは人に好かれるための大事な要素です。つらいことや悲しいことがあっても明るく振る舞いましょう。

暗い性格をしていると言われたことがある。

表情がキツいと言われたことがある。

初対面の人と接するとき、緊張してしまうほう。

もし該当するものが一つでもある人は、人間関係においてだいぶ損をしている可能性が高いと考えていいでしょう。当たり前のことですが、人と接するときに暗く固い表情をしていると相手から好かれにくくなってしまうからです。

逆に、いつも明るく振る舞っている人のもとには、多くの人が集まってきます。つまり、**明るさは人に好かれる大きな要素**となるわけです。そして明るい雰囲気の人と接していると、不思議とこちらまで明るく元気になってきます。すると相乗効果によっ

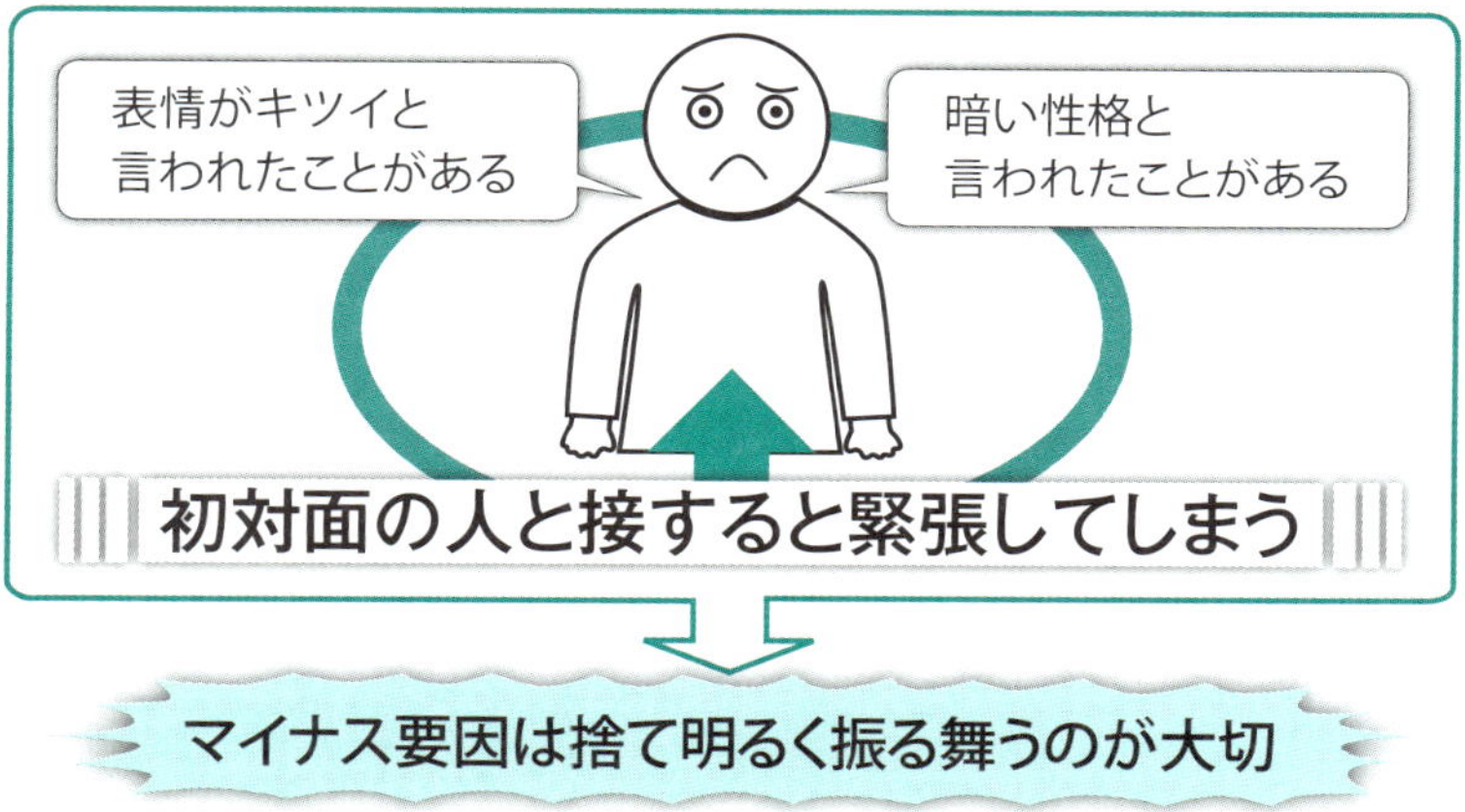

て、その場までがプラスの波動で満たされるようになるのです。

さて、その明るい雰囲気づくりの方法ですが、最初は形から入ってみてはいかがでしょう。

たとえば、身近に「この人は明るいな」「いい雰囲気の人だな」という人がいたら、その人の表情やしゃべり方などをマネしてみるのです。

もちろん、はじめのうちは違和感があるかもしれませんが、慣れてくるにしたがって、自然に明るく振る舞えるようになるはずです。また、服装や外観にも工夫をこらしてみるといいかもしれません。いつも地味な服装の人はたまには明るい服を着るのもいいと思います。そうすれば、相手に与える印象がだいぶ違ってきますし、自分自身の気持ちもさっぱりと明るくなってくるはずです。

10 おかげさまで。

あなたが良き成果を願うなら、感謝の法則に従わなくてはなりません。

身近にいる人たちに対して、「この人のおかげで生きていられる」「この人のおかげで人生が楽しめる」という気持ちを持ち、それを口ぐせにするといいでしょう。

たとえば、自分がこの世に生まれてくることができたのは、両親や祖父母をはじめ、たくさんの先祖がいたからです。

そのうちの誰か一人でも欠けていたら、この世に生まれてくることができませんでした。そう考えると、先祖に対して感謝の気持ちが芽生えてくるのではないでしょうか。

自分が今の職場で働けるのも、上司・同僚・部下が支えてくれたり、お客様がひいきにしてくれるおかげです。休みの日に映画を観ることができるのだって理屈は同じです。映画を制作した人やその映画を供給した人がいるおかげです。

美術館めぐりが楽しめるのも同様で、優れた芸術家たちのおかげで美術鑑賞ができるのです。

こう考えると、すべての人がありがたく思えてくるのではないでしょうか。そして、この意識を拡大していけば、リズムがリズムを呼んで「この人は私にとって本当にありがたい存在だ」と思える人にたくさん出会えるようになるのです。

さらにまた、**「最悪の相手こそあなたにとって最善の相手でもあるのです」**とアメリカの牧師であり、成功哲学の第一人者であるマーフィー博士がいうように、「この人だけはどうしても好きになれない」という相手も、自分の人生にメリットをもたらしてくれることを認識しましょう。

なぜなら、次のような解釈が成り立つからです。

「この人とは相性も最悪だし、側にいるだけで不快になる。でも、この最悪の人間とうまくやれたら、この先、どんな人とでもうまくやっていける。この人は私の人間修養のための相手になってくれているのだ」

とどのつまり、自分のまわりに不要な人間など一人もいないのです。

言ってはいけない言葉　COLUMN 1

「いいことなんか、ちっとも起きない」

私たちは大なり小なり願望を抱いています。

「希望する職種に就いて仕事にやりがいを感じたい」「脱サラ・独立を果たして、企業家として成功をおさめたい」「高級マンションに住みたい」「高級車を乗り回したい」

世の中を見渡すと、こうした願望を次々とかなえ、ハッピーな生活を送っている人がいれば、その逆の人もいます。この違いはどこにあるのでしょう。それはその人の心がまえ、すなわち日々の考え方にあります。成功者は「私ならきっとできる」「未来はどんどん良い方向に開けていく」と考え、願望がかなわない人は「いいことなんて起きない」「どうせ何やってもダメだ」とマイナスの言葉を口にしています。言い換えると、成功者は常にポジティブな言葉を発することで、神秘的な力を知らずのうちに活用しているのです。

運命を決定づけるものは、日々の自分自身の考え方にあるのです。

第2章

逆境・試練・難関に打ち勝つ言葉

1

人間、良いときもあれば悪いときもある。

人生に生涯凍結ということはありえません。冬は必ず春となり、時がくれば美しい花を咲かせます。

逆境や試練やピンチに見舞われると、私たちは「もう、ダメだ」「結局、無理だったのだ」といって、物事を簡単にあきらめてしまいがちです。

しかし、「朝のこない夜はない」という言葉があるように、どんなにつらく苦しい状況が続いても、いつか必ず夜が明け、日が射すものなのです。この世の森羅万象はすべて「陰陽のバランス」によって成り立っているのです。冬があれば夏があり、水があれば火があり、北の方角があれば南の方角がある。それがこの世の常というものなのです。

また、仏教では人生真理の教えの一つとして「諸行無常」を説いています。

これは、わかりやすくいうと、

「万物は常に移り変わり、状態がまったく同じということはありえない。どんなものでも、日々変化しつつある。それが世の中の本質である」

という意味になります。

これはわれわれ人間の運命にも同じことがいえます。人間には良いときもあれば、悪いときもあります。したがって、今は仮に悪い状態が続いたとしても、それが永久的に続くということはありえません。いつか必ず好転していくものなのです。それが人生の真理です。

たとえ逆境にあっても、あるいは物事が自分の思い通りに進まない状態が続いても、

「人生、そう悪いことばかりは続かない。いつか、必ず状況は変化する」

と考え、すべての物事を肯定的・建設的にとらえることが大切です。

ただ、そのことが理屈ではわかっても、逆境や試練やピンチに見舞われ続けている当事者にしてみれば、その場その場をしのいでいくのが精いっぱいで、ちょっとでも油断しようものなら、潜在意識が瞬時にマイナスに傾いてしまうかもしれません。

そこで、逆境や試練やピンチに見舞われても、潜在意識をプラスの状態に保つための秘策について述べていきたいと思います。

2

困難があるからおもしろい。

苦しめられているときにこそ、人は人生の醍醐味を知るようになります。

多くの人は、なるべくなら困難な問題や障害物を避けて通りたいと願っています。なるほど、そういう人の気持ちもよくわかります。困難な問題や障害物がなければ気分が楽だし、苦労を背負い込むこともないからです。

しかし、それだけだと達成感や充実感がないし、感動がないと思うのです。

これを海外旅行にたとえて考えてみるとわかりやすいかもしれません。

海外旅行をしたことがある方なら、誰もが体験済みのことと思いますが、目的地に到着するまでは面倒なことの連続です。

荷物を預けたり、手荷物検査やパスポートの提示などで時間をとられ、出国するまでが一苦労です。また、飛行機が離陸したあとも何時間もシートに座っていなければならず、目的地に着く前にヘトヘトになってしまう人だっています。

しかし、飛行機のタラップを降りて異国の景色を目の当たりにすれば、気分がすがすがしくなって、それまでの疲れなど吹っ飛んでしまうのではないでしょうか。

「苦労してここまでやってきた甲斐があった」

と思えてくるのではないでしょうか。

これが、もし、SF映画に出てくるような画期的な装置を使って、日本からパリやハワイなどに瞬時にワープしてしまったら、ありがたみも感激もないはずです。


人生もそれとまったく同じことがいえると思うのです。こづかれ、責められ、打ち負かされ、苦しめられるといったつらい体験をすることで、達成感や充実感を味わうことができ、ひいては人生の醍醐味を知ることができるようになるのです。

それに数多くの試練に見舞われ、失敗を繰り返していけば、その人の能力が開発され、人間性も鍛えられていきます。すなわち、魂までもが成長するようになるのです。

したがって、つらいときこそ「困難があるからおもしろい」という言葉を口ぐせにするとよいと思います。

3 これには意味がある。

あなたの体験することにはすべてなんらかの意味があります。

Eさんという人がいます。Eさんは学生時代から編集者として出版社に就職することを夢見ていたのですが、第一志望である大手A社の入社試験に落ちてしまいました。

「どうしても、A社に入社したかったのに、残念でたまらない」

こう嘆くEさんでしたが、人生はどこでどうなるかわからないものです。というのも、しばらくして、自分の編集の能力が存分に発揮できる中堅の出版社に入社することができたからです。

それればかりではありません、実はあとになって、「A社ではなかなか編集の仕事をさせてもらえない」という話を人から聞かされたのです。このことを知ったEさんは「A社の入社試験に落ちて本当に良かった」と思いました。

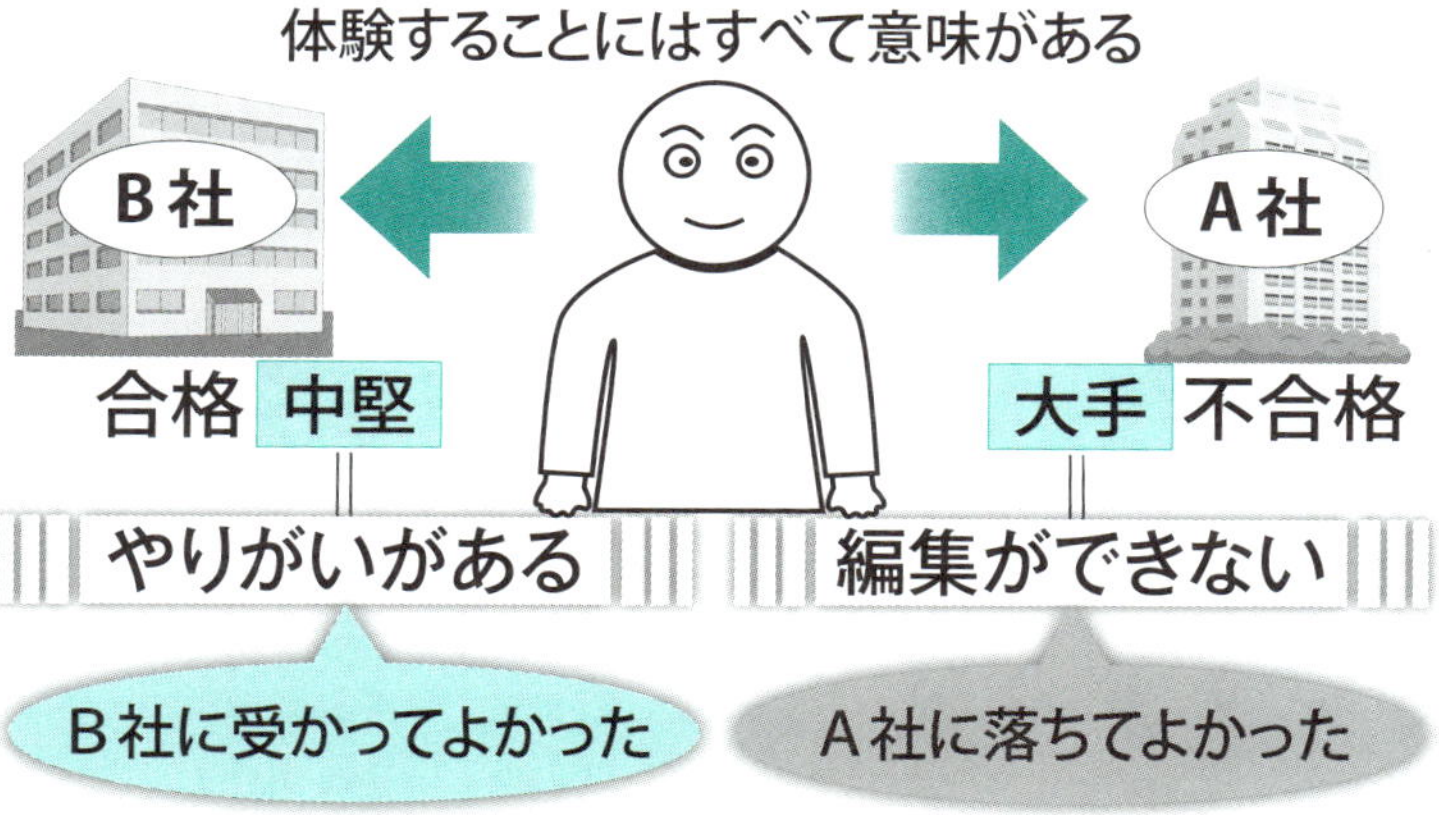

また、こんな話もあります。Bさんは、健康が取り柄で、生まれてこのかた病気らしい病気を一つもしたことがありませんでした。ところが、あるとき交通事故に遭い、念のために病院で検査したところ、偶然、肺がんが見つかったのです。幸い初期だったため手術で根治でき、大事には至りませんでしたが、やはりこう思ったといいます。

「交通事故に遭わなければ、肺がんがあることに気がつかなかった。交通事故に遭って良かった」

さて、なぜこんな話をしたかというと、私たちが体験することには、すべて何かしらの意味があるということを強調したかったからです。

それは**人生の軌道修正を図るための格好のチャンス**かもしれないし、**最悪の事態を回避するための潜在意識からのメッセージ**かもしれません。

4 今、何かを学ぶ好機かもしれない。

逆境や試練を「勉強」という言葉に置き換えましょう。それを乗り越えたとき一段と大きな人間になります。

逆境・試練・ピンチに見舞われたら、一つの方法として「これは何かを学ぶ機会なのかもしれない」と考えるといいでしょう。

そのときは、たしかにつらいかもしれませんが、後々になってそのときの体験が大いに生きて、プラスに働く場合が人生にはしばしばあるからです。

たとえばあるサラリーマンが、ある日突然、東京本社から地方へ転勤を言い渡されたとしましょう。このとき「結局、これは左遷だ。自分は出世街道からはずれてしまったのだ」とか「同僚が上司に僕の悪口を言ったに違いない。あいつが仕組んだワナだ」ということばかり考えていては、その人の人生はマイナスに傾くだけです。

任地に赴いてもロクな仕事ができないだろうし、人間関係だってうまくいかなくなります。たまに本社から重役でも来ようものなら、一本のワラにでもすがるような気持ちで取り入ろうとします。それがかなわないと見るや、本社に対して敵愾心《てきがいしん》を燃やし、憎しみと怒りの念でいっぱいになる……。これでは成功するはずがありません。

ところが、同じような境遇に陥っても、

「地方で経験を積んで、幅広い視野を身につけるいい機会かもかもしれない」

「地方でのニーズを探るいいチャンスだ」

と考えることができれば、仕事に対する姿勢・取り組み方もだいぶ違ってきます。

豊富な知識が得られるだけでなく、人脈も広がり、能力にもいっそうの磨きがかかるようになります。そうすれば、仕事ぶりが本社にも伝わり、本社へ復帰だって夢ではなくなるわけです。

うまくいかないときやつらいときこそ、神様が何かを学びなさいとシグナルを送ってくれたのだと解釈するのです。

「今、何かを学ぶ好機かもしれない」という言葉を口ぐせにしましょう。

そうすれば、**毎日が新しい人生の始まりであり、新しい挑戦と前進の日であるとい**う自覚が持てるようになるはずです。

5

これは良いことが起きる前ぶれだ。

あらゆる災いの中に幸せの芽が潜んでいます。

「リストラに遭い、会社をクビになってしまった」

「会社が倒産してしまった」

このような大ピンチに遭遇したなら、誰だってショックを受けるものです。しかし、ここで認識してもらいたいのは、そういう**大ピンチが、案外ラッキーな出来事の前ぶれであったりする場合がある**ということです。

たとえば、マーフィー博士の著書の中にこんな話があります。

マーフィー博士の知り合いで、週給四〇ドルの固定給と売り上げの歩合をもらっている若い薬剤師がいました。そんな彼の夢はその仕事を二五年続けたのち、退職金をもらって、そのお金で自分の薬局を持つことでした。

ところがあるとき、彼はハプニングに見舞われました。これといった落ち度もないのに、勤務先の薬局をクビになってしまったのです。しかし、これがチャンスだったのです。というのも、まもなくして新しい勤務先が見つかったからです。しかも、そこは前の薬局よりもずっと大きなチェーンストアで、彼はまたたく間に支配人となり、数年後には地区一帯を取り仕切るようになったのです。

そのおかげで彼の収入は倍増し、四年もすると自分の薬局を開業するために必要な資金が貯まりました。

この話にもあるように、人生は何が災いして何が幸いするかわからないのです。すなわち、一見、不幸に思える現象の中に、幸福な人生を送るための芽が潜んでいる場合だってあるのです。

ですから**自分の身にふりかかってくるトラブルやアクシデントをいたずらに恐れてはなりません。**むしろ、そういうときこそ、

「これは良いことが起きる前ぶれだ」

と心の中で強く叫ぶ必要があります。そうすれば、やがて本当にラッキーな現象に遭遇するようになるのです。

6 これ以上、悪くなりようがない。

やることなすことすべてがうまくいかない最悪の時期を歓迎しましょう。

人間は、誰だっていつも順風満帆《じゅんぷうまんぱん》というわけにはいきません。良いことが続く時期もあれば、悪いことばかりが重なる時期だってあります。

そこで、

「やることなすことすべてがうまくいかない」

「悪いことばかりがたくさん起きて精神的にまいってしまった」

というときは、次のように考えてみるとよいでしょう。

「これ以上悪くなりようがない。あとは、はい上がるだけだ」

コンピュータ・プログラマーのT子さんがまさにそうでした。彼女は二六歳のとき、断続的に大きな不幸に見舞われました。

リストラで会社をクビになったのを皮切りに、三年以上つきあっていた彼氏にもふられ、挙句の果てには交通事故に遭い、左足を骨折してしまったからです。

これだけ悪いことが重なったわけですから、普通の人なら精神的に大きなダメージを受けてもおかしくはありません。しかし、T子さんは違いました。

病院のベッドの中でこう考えたそうなのです。

「おみくじでいえば大凶みたいなものだ。だから、これ以上悪くなりようがない。これ以上悪くなるとしたら死ぬだけだ。だったら、死んでもかまわない」

この良い意味での開き直りが功を奏したのでしょう。その後の彼女の人生はまさにV字型に回復していきました。

というのも、お見舞いに訪れた友人の紹介で、以前よりも条件の良い会社に再就職を果たすことができ、その一年後には職場の男性からプロポーズされたからです。

この話はけっして特殊な例ではありません。運勢には波があり、悪いことが起きたあとには良いことが起きる仕組みになっているのです。とくに悪いことがたくさん起これば起こるほど、良いこともまたたくさん起こるようになるのです。

7

これで悪いものは全部出し切った。

不運に見舞われたとき心は浄化され、悪いものはすべて消え去るのだということを思い出すことです。

やることなすことがすべてうまくいかなかったり、悪いことが立て続けに起こったときは、

「潜在意識に充満している悪いものを全部出し切った。これで私の業《ごう》は消えていく」

と考えてみるのも一つの方法です。

これを体が健康になるときの好転反応に置き換えて考えてみるとわかりやすいと思います。

たとえば、持病のじんましんを克服した人が語っていたことがあります。

それまで何年と飲み続けた病院の薬を断ち、漢方薬とヨガ体操に切り替えたところ、一週間は全身がかぶれるほどじんましんが出て、それはそれはひどくのたうちまわっ

たというのです。

しかし、まもなくして、じんましんがウソのように治まり、以来、一度も症状が表れなくなったというのです。

それと同じことが人生にもいえると思うのです。ツイてないことや不幸な出来事が立て続けに起こったら、潜在意識の中に蓄積されていたマイナスの想念が現象となって現れ、消え去ろうとしているると考えればいいのです。

今、自分が最悪の状態にあるとしたら、それは過去に自分が描いた心の影なのです。それが今、形になって現れて消えていこうとしているのです。過去の悪い業が消滅しつつある証拠なのです。ですから、「これで潜在意識がクリーンな状態になった」と喜べばいいのです。

その意味で、「転んで足を骨折した」「駐車違反でつかまった」「財布を落としてしまった」というツイていない現象に遭遇したら、「悪いものを出したおかげで、私の心がよりいっそう浄化された」と考えるようにするといいかもしれません。それだけでも、気持ちが楽になります。

8

あまり難しく考えないほうがいい。

何もしないうちからあれこれと悩むのはナンセンスです。行動に移せば、すんなりと解決することが多いものです。

気の小さい人は問題に見舞われるたびに、それをおおげさに考えてしまうところがあります。なかには、誰の目から見てもたいしたことがないのに、さも一大事のようにとらえてしまう人もいます。

しかし、**問題というのは自分の器や技量と比例していて、乗り越えられないものはやってこない**のです。

ですから、問題に見舞われたら「ほら、おいでなすった」くらいの余裕を持って対処に当たってもらいたいのです。

それに、問題といっても案外すんなりと解決していくことのほうが多いと思うのです。

悩む時間があるなら行動に移そう!

たとえば、以前、私はある出版社から原稿の執筆を依頼されたことがありました。期限は一ヵ月です。そのとき一瞬ですが、引き受けようかどうかためらったことがありました。

というのも、私の場合、その当時は執筆以外にもいろいろな仕事がありました。

そのため、「こんなハードスケジュールでこなしていけるだろうか」と思ったりもしたのですが、いざやってみると、インスピレーションがどんどん湧いてきて、予定通りに書き終わらせることができたのです。

したがって何もしないうちから、あれこれと頭を悩ませず、そう難しく考えないことです。

不安に思えても、実際に行動に移せば、それほど大変ではない場合のほうが多いからです。

9 ほかにも方法はあるはずだ。

問題に直面したときは発想を変えましょう。発想を変えれば問題も解決するようになります。

一生懸命頑張っているにもかかわらず、事がなかなか自分の思い通りに進まないときがあります。

このとき、一つの方法にこだわって強引に事を推し進めようとすると、よけい思い通りに進まなくなるものです。

そこで、そういうときは「ほかにも方法はあるはずだ」「やり方を変えてみよう」と考え、発想の転換を図ってみる必要があります。案外、素晴らしい解決策が思い浮かぶ場合があるからです。

貿易の仕事をしているビジネスマンのＦさんがまさにそうでした。Ｆさんは、あるとき急な出張でロンドンに行かなくてはならなくなりました。

しかし、ゴールデン・ウィークの直前だったため航空券が取れません。どこの航空会社も満席なのです。

「どんな方法でも目的地に着ければそれでいい」

そう考えたFさんは意外な方法をとりました。まず、ヨーロッパの各都市を経由してロンドンに行く便を探してみたのです。しかし、これもダメでした。

そこで、思い切って発想を変え、北西経由ではなく北東経由、つまりニューヨーク経由でロンドンに行く便を探したところ、ようやく座席を確保できました。

こうして、彼はニューヨークを経由して、無事ロンドンにたどり着くことができたのです。

Fさんの例にもあるように、思い通りに事が運ばないときは、考え方や発想をガラリと変えてみるといいかもしれません。

そのためには、日頃から「この方法が一番いい」「この方法しかない」という思い込みを捨てることが重要です。すなわち、AがダメならB、BがダメならC、CがダメならDといったようにいろいろな方法を考えておくようにするのです。そうすれば、問題に直面したとき、迅速に対処できます。

10 つらいときこそ笑おう。

笑いは元気の特効薬です。心の中がマイナスの感情でいっぱいになったときこそ笑い飛ばしてしまいましょう。

人はつらく苦しいことがあると、肩をうなだれ深刻な顔つきになってしまいます。

しかも、そういうときは悪い相乗効果に陥って心もいっそう暗くなり、表情もさらに硬く厳しくなってしまうものです。

そんな悪循環を断ち切るためには、無理をしてでも笑ってみることをお勧めします。

「楽しいから笑うのではない。笑うから楽しいのだ」

これは、アメリカの実践心理学者ウィリアム・ジェームスの言葉ですが、人間の心理とは不思議なもので、おもしろいことや楽しいことがなくても、笑っていると本当に楽しくなってくるのです。

ちなみに、これは心に限ったことではありません。

「笑うことは健康にも良い」

ということが医学的にも証明されています。これはどうやら、人間は血行が良いと健康でいられることと関係があるようです。

実際、ある学者が行った実験によれば、人は笑顔になったとき血流が良くなり、仏頂面《ぶっちょうづら》をすると、とたんに血行が悪くなるという結果が出ています。つまり、笑顔は健康の特効薬というわけなのです。

ほかにも、**笑いにはストレスを解消したり、自然治癒能力や免疫力を高めるなど、いろいろなメリットがある**ことがわかっています。

また、仕事をするうえでも笑顔は大切です。今述べたように、笑顔は血行を良くしてくれるため脳の活動が高まり、仕事の能率を良くしたり、良いアイデアが浮かんだりしやすくなるからです。

こんなにもすばらしい笑顔の力を活用しない手はありません。苦しいとき、悲しいときにこそ、笑う習慣を身につけてはいかがでしょう。

その際、「つらいときこそ笑おう」と、いつも自分に言い聞かせるようにすれば、いつか状況が好転し、本当に「笑う門には福来たる」という現象に遭遇するはずです。

11

あのときは楽しかった。

愉快な想像は、やる気、活気、陽気を呼び起こす簡単で効果的な方法です。

人は、逆境や試練、困難に遭遇すると、どうしても悩んでしまい、落ち込んでしまうものです。そんなときは、「笑う」ことに加えて、「愉快な想像」をしてみるといいでしょう。

ここで実例を紹介しましょう。

完璧主義の上司のもとでキャリアウーマンとして働くC子さんは、上司からキツイ仕事を命じられるたび、「そんなの無理に決まっている。上司にはいつも苦労させられているから、もうこんな会社辞めてしまおうか」と、投げやりな気持ちになってしまうことが何度もありました。

そんな彼女が、退職もせずに上司の信頼を得ているのには、ある大きな理由があったのです。

実は仕事で挫折しそうになると、彼女は大好きな彼とディズニーランドに行ったときのことを思い出し、元気を奮い起こすようにしていたのです。

デスクの引き出しにしまってある写真を見ては、楽しかった出来事を思い出し、「このアトラクションはスリルがあっておもしろかったな。パレードも楽しかったし……」と頭の中でイメージしました。すると、次第に気分が明るく楽しくなってきて、困難な仕事に立ち向かう気力が湧いてくるというのです。

この秘策によって、C子さんは、職場での危機を乗り越えました。

このように、**愉快な想像は、マイナスに傾きつつあるマインドをプラスにチェンジさせる効果があるのです。**

たとえば、「南国の旅が忘れられない」という人は、写真やビデオやパンフレットなどを見ながら、次のようなことをイメージしてみてはいかがでしょう。

「最高のバカンスだったなあ。美しい海、波の音、カラフルな熱帯魚。マリンスポーツも楽しかった。よーし、頑張って、また行くぞ」

そうすれば、困難を乗り越える意欲だって湧いてくるはずです。

12 どっちに転んでもいい。

神のプランは、自分が考えているどのプランよりも、はるかに素晴らしいことを忘れてはなりません。

長い人生、ときには「一生懸命、頑張ったけど、結局、願望はかなわなかった」「できるかぎりのことはしたけど、やっぱりうまくいかなかった」ということだって、あるかもしれません。

しかし、そういうときこそ「神様は私たちの進むべき道を知っており、時と場合によっては、当人の意思とは裏腹に、その人が幸福になれる方向に導いてくれる」ということを肝に銘じていただきたいと思います。

次に紹介するOLのN子さんなどは、その好例といえるかもしれません。

N子さんはあるとき、夏休みを利用して友達三人とサイパンに行く計画を立てていたのですが、父親が病気で倒れ入院したため、楽しみにしていた旅行に行けなくなってしまったことがありました。

当初は、ものすごく残念がったN子さんでしたが、旅行から帰ってきた友達の話を聞いて、「サイパンに行けなくて、かえって良かったかもしれない」と思えてきました。というのも「向こうは台風の影響でずっと雨で、海の中に全然入れなかった。おまけに友達が熱を出したため、看病で大変な思いをした」という話を聞かされたからです。

しかもN子さんの場合、若干キャンセル料を取られたものの旅費が浮いたので、そのお金で前々から欲しかったシャネルのバッグとフェラガモの靴を買うことができたのです。

願望がかなわなかった、思い通りに事が運ばなかったといって、落ち込む必要なんかありません。

「もし、ダメならダメでいい。どっちに転んでもいい。あとは潜在意識に任せてしまおう」くらいの気持ちを持って、自然の流れに身を任せてしまうことが大切です。

そう考えることで**たとえ前途が多難に見えても、人生は自然に良い方向、ラッキーな方向に展開していく**ようにきっとなるはずです。

言ってはいけない言葉　COLUMN 2

「やっぱりうまくいかない」

ポジティブ・シンキングとは一時的なプラス思考を指すのではありません。それ以外の時間に、その人が無意識に考えていることや行っていることも、ポジティブ・シンキングに大きく関係しているのです。

すなわち、何かに対して不平不満を抱いたり、失敗を恐れて積極的に行動しなかったり、小さなことでクヨクヨと悩んだり、誰かに憎しみの感情を抱いていると、差し引きすれば潜在意識にマイナスの想念を送り込む結果となるのです。

ましてや、そういうマイナスの思いを口にしたのなら、気分はよけいマイナスになります。不安・心配・怒りといった感情がますます膨らんでいきます。するとその分もマイナスの想念としてインプットされ、状況がいっそう悪化してしまうのです。

人間とは、その人が考えていることでかたちづくられ、人の一生とは、その人が人生をどう考えたかで決まってしまいます。

第3章

マインドレベルがアップする言葉

1 運命はいくらでも変えられる。

人間というものは、心がまえを変えることによって、人生そのものを変えることができる唯一の動物です。

ある人は「運命というものは、生まれたときから決まっている。したがって、どうあがいても変えることはできない」と説いています。

なるほど、生年月日や性別や血液型といったものはたしかに変えることはできません。それらは宿命であるからです。

しかし世の中を見渡すと、裕福な家庭に生まれたにもかかわらず一文無しになって落ちぶれてしまう人もいれば、その反対に貧乏のどん底からスタートして巨万の富を築き上げる人もいます。すなわちこれが運命であり、それは**「人生は明るくも暗くもなります。その選択権はあなたにあります」**とマーフィー博士が言うように、その人の意思・選択・決断によって、いくらでも変えていけるのです。

言い換えると、宿命とは自分の意思ではどうにも変えようのない「生まれ持った定め」のことをいい、運命とは自分の意思、すなわち心の持ち方でどんどん変えていける「流動的な未来の現象」のことをいうのです。

「仕事も恋もうまくいかない」

「貧乏生活からなかなか抜け出せない」

といって落ち込むことなんかありません。それらは、過去にあなたが思い描いたことが形となって現れただけのことです。**これからの自分の心がけ次第で、**いくらでも変えていけます。**仕事運も恋愛運も金運も大幅にアップさせることが可能**なのです。

ですから、つらいときこそ「運命はいくらでも変えられる」と自分に言い聞かせるようにすればいいでしょう。

ただ、そのためには、自分のマインドレベルを向上させなくてはなりません。心の持ち方をマイナスからプラスに切り替えていくのです。そうしてこそ行動にも変化が生じ、生き方も変わり、ひいては運命まで変わるようになるのです。では、具体的にどういったことを心がけたらいいのでしょう。

そのあたりのノウハウについて述べてみたいと思います。

2 運命は私が決める。

自分の未来は、今自分が何を考えているかで決まってしまいます。

運命はあなたの心がけ次第でいくらでも変えていくことができます。

ということは、自分の未来は、今自分が何を考えているかで決まってしまうと定義づけることができます。

このことについて詳しく述べる前に、AさんとBさんの話をしましょう。

AさんとBさんは、もともとある貿易会社で営業の仕事をしていたのですが、昨今の不況のあおりを受けてその会社が倒産し、失業を余儀なくされたことがありました。

そのとき、二人はまったく別のことを考えました。

「年が年だし、今さら再就職もかないそうにない。仕方がない。バイトをやって食いつないでいこう」

とAさんが考えたのに対し、Bさんはこう考えたのです。

「資格があれば、再就職も有利になるかもしれない。よし、当面、バイトをやりながら税理士の資格を取るための勉強をしよう」

そして四年後の今、二人は対照的な人生を送るようになりました。相変わらずバイトをやりながら食いつないでいるAさんに対し、Bさんは猛勉強の末に税理士の資格を取ったことで会計事務所に就職できたのです。そのため収入はもちろんのこと、社会的な信用面においても格段の違いが生じてしまったのです。

さて、ここで重要なのは、二人とも人生を自らの意思で選択したということです。同じバイト生活を送っていたにもかかわらず、Bさんの人生が好転したのは「税理士になる」という〝因〟がしっかりしていたからです。Aさんの場合、その〝因〟があやふやだったため、〝果〟まで成り行きまかせになってしまったのです。

すべての事柄は「因果の法則」によって成り立っているのです。未来は、今自分が何を考えているかで決まってしまうという所以《ゆえん》はここにあるのです。

これからは、**「未来は今の自分の意思と選択と決断にかかっている」**と考え、「運命は私が決める」という言葉を口ぐせにするといいと思います。

3 どんなことでも、したことは返る。

原因なくしては何事も起こりません。そして、その原因はあなた自身が作り出すものなのです。

Kさんの話を紹介しましょう。

Kさんは高校生のころ、スーパーでおもしろ半分に万引きをしたことがありました。そのときは誰にも見つからなかったのですが、その数ヵ月後、一緒にレコード店に行ったとき友達が万引きでつかまり、Kさんも同罪扱いされ、こっぴどく叱られたそうです。そのときは彼が万引きをしなかったにもかかわらずです。

それからさらに数ヵ月後、道を歩いていたら見ず知らずのおばあさんが重い荷物を背負って大変そうに歩いていたので、Kさんが代わりにその荷物を背負ってあげたことがありました。

するとその三日後、Kさんの家に親戚の叔母さんが訪れ、彼に前々から欲しかった本をプレゼントしてくれたというのです。

このとき、Kさんはこう悟ったといいます。

「良いことでも、悪いことでも、したことは全部自分に跳ね返ってくる。神様はいつも自分を見ているのだ。それだったら、これからは良いことだけをしよう。人に喜ばれることをしよう」

良い行いも悪い行いも想念となって潜在意識にインプットされると「業」が形成され、その「業」がいつか形となって現れてしまうのです。

それなら、良いことをしたほうがいいと思います。

そのためには、日頃から、

「自分は他人に迷惑をかけていないか」

「人をだますようなことをしていないか」

「世の中の道理に反するようなことをしていないか」

といったことを常にチェックしておく必要があります。

そして、良くない点があったら即座に改善する。それだけでも、マインドがポジティブな状態に保てるものです。

4

○○をやめれば、こんなに良くなる。

良い習慣を身につけましょう。良い習慣は良い人生の道案内をしてくれます。

私たちがふだん考えていることや行動パターンの多くは、習慣の産物といっていいでしょう。その中には、当然、良い習慣もあれば悪い習慣もあります。

そこで提案ですが、マインドレベルを向上させるための一環として、悪い習慣を見つめ直し、それをそぎ落としていくのです。

具体的にいうと、次のように悪習慣だと思えるようなことを書き出し、可能なものから改善していくように努めるのです。

「毎日、タバコを三〇本以上吸う」

「毎晩、遅くまでテレビを観ていて、起きるのがつらい」

「同僚と食事をするたびに、上司の悪口を口にしてしまう」

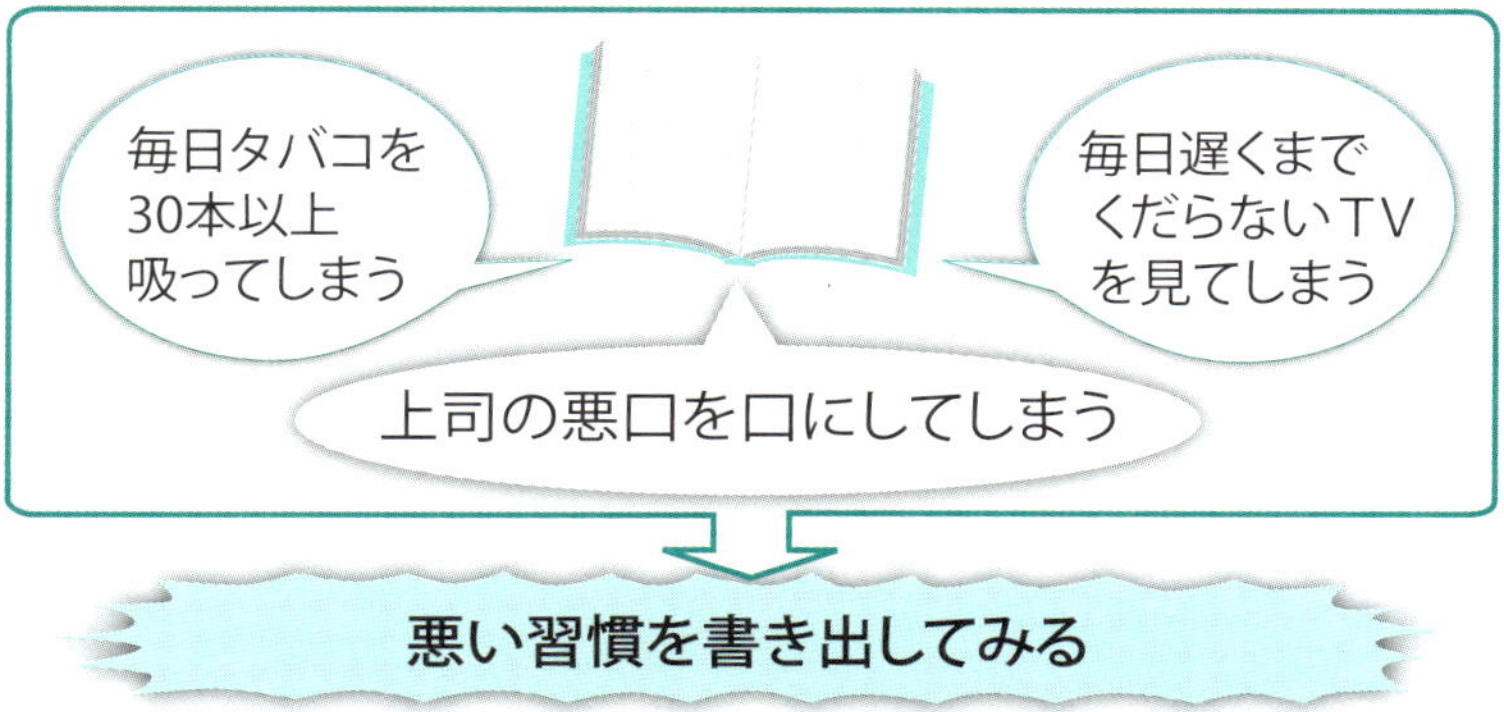

悪い習慣が消え良い習慣が身につく

ただ、習慣というものは長い年月をかけて潜在意識に刻み込まれたため、容易には変えることができません。

そこで大切なのは、あせって克服しようとしないで、徐々に直すようにするということです。その場合のポイントとして、習慣が改まったあとの“恩恵”をイメージしてもらいたいのです。

たとえば、タバコをやめればガンの心配も少なくなるだろうし、体調だって良くなり、食事も美味しく食べられるようになるはずです。そうすれば健康にもいいし、時間も有意義に使えます。

このように、**悪習慣を改めたあとの恩恵だけをたくさん思い浮かべるようにする**のです。すると、人生の発展を妨げている悪習慣も次第に改まっていくはずです。

5 まだ○○円もある。

財布の中に「五千円しかない」と思うのと、「五千円もある」と思うのでは、心的態度も違ってきます。

財布の中に五千円札が一枚だけ入っていたとします。そのとき、「五千円しかない」と考えますか？　それとも「五千円もある」と考えますか？

まず「五千円しかない」と考えた場合、それだけでマインドが不快になるはずです。欲しいCDを見つけても「今日はこれだけしかお金がないから、買うのをやめておこう」となり、友達から食事を誘われても「今日は断ろう」となります。

そのため「本当はあのCDが聴きたかったのに……」とか「本当は友達と美味しい物を食べたかったのに……」という不満が後々残るわけです。

ところが「五千円もある」と考えることができれば、マインドは快適になります。欲しいCDを目にしたとき「思い切って買っちゃおう。あとはぜいたくしなければいい」という気持ちになれるし、友達から食事を誘われたときも「予算を二千円以内に抑えよう。それでもけっこう美味しい物が食べられるはずだ」と、あくまで前向きな気持ちでいられます。

なぜこんな話をしたかというと、**考え方を変えるだけで人生は明るくも楽しくもなる**ということを言いたいからです。

すなわち、一見するとネガティブに思えるようなことでも、見方を変えるだけでポジティブに思えるようになり、そのくせをつけておけば、いつも快適で楽しい気分でいられるようになるのです。

年齢だって同じです。「もう、三十代だ」と「まだ、三十代だ」では心的態度がだいぶ違ってきます。

前者の場合だと、「もう若くない」という観念が上回ってしまうため、どうしても消極的になりがちですが、後者の場合だと、「まだ若い。人生これからだ」という気持ちがみなぎるため、何事に対してもいっそう積極的になれます。

泣いても笑っても現象は同じです。憂《うれ》いても喜んでも現象は変わりません。それだったら、**ポジティブな気分になれるほうを選択したほうが得策**です。

6

私にはこんなに良いところがある。

人間は皆、すばらしい才能や魅力を備えています。ただ、それに気づく人があまりに少ないのです。


「他の人に比べると、運動神経が鈍い。パソコンの操作も下手だ」

「短気でせっかちなので、つまらないミスをよくする」

このように自分の欠点を見つめては卑下する人がいますが、そういう思いを野放しにしておくと、マインドレベルが低下してしまうので注意が必要です。

欠点ばかりに目を向けていると、その意識が拡大してしまうため、何事に対しても自信が持てなくなり、消極的になってしまうのです。

そこで、**自分の欠点が気になる人は**、これからは次のように**自分の良いところをどんどん書き出していってはいかがでしょう。**

「私は英会話ができる」

「速読のテクニックを身につけているので、本を短時間で読むことができる」

「短気でせっかちだが、小さなことでクヨクヨしないタイプだ」

そして、そのあと、こんな言葉を唱えるようにするのです。

「私にはこんなに良いところがある。まんざら、捨てたものではない」

そうすれば、自分の長所が改めて自覚できると同時に、自分という人間が誇らしげに思えてくるはずです。

ただ、問題は「自分の長所がよくわからない」という人です。

そういう人は、子どものころにさかのぼってかまいませんので、他人からほめられたことを思い出してみてはいかがでしょう。


「中学生のとき、後輩の面倒見がいいと先生からほめられたことがある」

「草野球でサヨナラ・ホームランを打って、ここぞというときに力を発揮するとみんなからほめられた」

そうすれば、忘れかけていた自分の素晴らしさが再認識でき、案外、自信につながるかもしれません。

7 ○○したと思えばいい。

自分が不快な状態にあるとしたら、今すぐに思考方法を変えましょう。そうすればすべてが変わっていきます。

「外出したら、突然、雨が降り出してきてビショビショになってしまった」

「風邪をひいてダウンしてしまった」

「エレベーターが故障したため、階段を昇らなくてはならない」

こういう事態に遭遇したとき、たいていの人は「ツイていない」という言葉を口にします。しかし、ツイていない自分をイメージするから、よけいツイていないように思えてくるのであって、発想を変えれば気分もだいぶ違ってくるのです。

つまり、不快な気持ちになったら即座に考え方を変えてもらいたいのです。具体的にいうと、「ツイていない」という気持ちを心の中から取り払い、「○○したと思えばいい」と快適な気持ちになるように考え直すようにするのです。

たとえば、「外出したら、突然、雨が降り出してきてビショビショになってしまった」というときなどは、多少、強引・こじつけであってもかまいませんので、次のように考えれば、不快の念が消え、「快」の念が芽生えるのです。

「蒸し暑かったから、ちょうど良かった。南の島でスコールに遭ったと思えばいい」

風邪をひいてダウンした場合も理屈は同じです。そういうときこそ、

「ここのところ、ずっと忙しかったので、ゆっくり休養をとると思えばいい」

と解釈してみてはいかがでしょう。不快の念が快に転じていくはずです。

私もサラリーマン時代、上司の命令で段ボール箱に入った大量の重い荷物を階段で運ばなくてはならないことがありました。このとき、即座にこう考えました。

「身体を鍛えるためのトレーニングを行うと思えばいい」

前にも言いましたが、泣いても笑っても現象は同じです。憂《うれ》いても喜んでも現象は変わりません。

しかし、それを**プラスに解釈するか、マイナスに解釈するかで、自分の感情、ひいてはマインドレベルの度合いも大きく違ってくる**のです。

8 おかげで○○ができる。

何事も自分に都合良く解釈するくせを身につけましょう。善が善を呼んで都合の良い現象が起きるようになります。

Ｉさんという人がいます。彼は銀座にあるアパレルメーカーに勤めていたのですが、あるとき辞令で小田原支店に転勤を言い渡されたことがありました。今までは片道一時間以内の通勤時間でしたが、今度は二時間以上もかかってしまいます。

普通の人なら大いに抵抗を感じるでしょうが、Ｉさんは違いました。

「おかげで、電車の中で勉強ができる」

と考えたのです。実は、Ｉさんにはかねてより行政書士の資格を取得したいという願望がありました。そこで、電車に乗っている二時間という通勤時間帯をテキストを読んだり、問題集をこなしたりすることに充てたのです。

その甲斐あって、二年後にはめでたく合格。今では行政書士となり、独立・開業に向けて着々と準備中とのことです。

さて、なぜIさんの話を引き合いに出したかというと、あなたにも自分の身のまわりに起こる現象、あるいは**自分の身に降りかかってくる現象を、すべて自分に都合良く〝善〟の方向に解釈してもらいたい**からです。

その現象が起こったことで、「自分の人生が良い方向に回転している」ととらえてほしいのです。

今度は知人のHさんが体験したことですが、あるときHさんの自宅のお風呂が壊れてしまい、入浴できなくなってしまったことがありました。そのとき、Hさんは「おかげで、久々に銭湯に行ける」と考えたそうなのです。

その結果、Hさんはささやかながらも楽しみを見つけることができました。最近の銭湯はお風呂のほかに、サウナやジェット・バスや薬湯など各種の入浴が楽しめるため、「マインドリフレッシュにはもってこい」ということがわかったからです。

何事も自分に都合良く考え、「おかげで○○ができる」という言葉を口ぐせにしてみてはいかがでしょう。そうすれば、願望実現や成功のチャンスが比較的簡単にモノにできたり、人生の新たな楽しみが発見できるかもしれません。

9 いい勉強になった。

失敗を教訓にするかしないかで、自分の人生は天と地ほどの開きが生じてきます。


「うっかりして、大切な本をなくしてしまった」

「車を運転していたら、軽い接触事故を起こしてしまった」

このような失敗をすると、誰でも憂うつな気分になります。しかし、そういうときこそ「いい勉強になった」という言葉を口ぐせにしてみてはいかがでしょう。

人間は失敗をするたびに多くのことを学び、鍛えられ、強くなっていくからです。

失敗するからこそ、「この次から気をつけよう」「今度から慎重に行動しよう」と思えるようになるのであり、その積み重ねが自己成長につながっていくのです。

これはR子さんという翻訳家が実際に体験したことですが、あるときパソコンの操作を誤って苦労して訳した原稿のファイルを瞬時に消してしまったことがありました。当初は大いに失望・落胆したのはいうまでもありませんが、次第にこう思えてきたというのです。

「それもこれも自分のずさんな性格がいけなかったのだ。私はいつもパソコンにデータを入れっぱなしで、外部メモリに保存することもなければ、プリントアウトすることもなかった。よし、これからは必ず控えをとるように心がけよう」

以来、R子さんはパソコンの操作やデータの取り扱いにはものすごく慎重になったというのです。

この私だって例外ではありません。もう、だいぶ前になりますが、車を運転中、一度だけ軽い接触事故を起こしたことがありました。幸い、ケガ一つしませんでしたが、こう思ったものです。

「これからは慎重に運転しよう。安全運転を心がけよう」

その後、事故は一回も起こしていません。

これらのように、**一度、失敗して「痛い目」に遭えば**、その人自身、**大きな教訓を得ることができるため、二度と同じ過ちを繰り返さないですむ**ようになるのです。

10 あの人に比べたらまだマシだ。

この世にはあなたよりも良くない環境の人が、たくさんいることを忘れてはなりません。

ツイていないことやアクシデントなどに遭遇すると、私たちはついマイナスの言葉をつぶやいてしまいがちです。しかし、それでは事態がよけい悪くなる一方です。

たとえば、ある人が会社で、営業から総務へ配置転換を命じられたとします。

この人事に不満を感じたその人が、

「ずっと営業一筋できたのに、総務に行かされるなんて屈辱的だ。ほとほと自分はツイてない」

という言葉を口ぐせにしたらどうなるでしょう。おそらく、こう言うたびに、その人は暗い気持ちでいっぱいになるはずです。

すると、雰囲気も暗くなってしまうため、転属先での人間関係まで悪化してしまいます。さらに、こう言い続けていると、「私は総務に向いていない」「自分はツイていない」といった思いを潜在意識にインプットすることにもなるため、結局、転属先で仕事がうまくいかなかったり、ツイていないことが起こったりする可能性が高まってしまうのです。

そこで、そういうときは**境遇の悪い人と自分を比較してみる**のです。

「世の中にはリストラされ、再就職できなくて苦しんでいる人がたくさんいる」

こう考えれば、心境だって変わり、

「それに比べたら自分はありがたい。よーし、新しい部署で心機一転がんばるぞ！」

と、やる気や感謝の気持ちさえ湧いてくるはずです。ツイていないことやアクシデントなどに遭遇したときは、自分よりも境遇の悪い人のことを思い出し、次のように考えるくせをつけておくことです。それだけでも心がだいぶ楽になるはずです。

- **給料が安い**→仕事がない人に比べたら給料がもらえ仕事があるだけありがたい。
- **財布を落としてしまった**→大金をひったくられた人に比べたらずっといい。
- **病気で二週間入院しなければならない**→不治の病で痛みと闘いながら、ずっと入院している人に比べたら、二週間で退院できるなんてありがたい。

11 こんなのたいしたことはない。

小さなことでクヨクヨしている暇があったら、その悩みに真正面から向き合いましょう。案外すんなりと解決します。

私たちは失敗したり、ちょっとしたアクシデントに遭遇するたびに、クヨクヨしますが、その一つひとつをつぶさに観察すると、どれも実に些細なことで、悩むに値しないことのほうが多いような気がします。

ある青年が、上司とこんなやりとりをしたことがありました。

「得意先の社長のお母様が亡くなったので、葬儀に行ったのですが、とんでもない粗《そ》相《そう》をしてしまいました」

「粗相というと?」

「神式の葬儀とは知らないで、数珠《じゅず》を出してしまったのです」

「そういう間違いはよくあることだよ」

「でも、それが原因で『常識のない奴だ』と思われ、嫌われてしまい、取引が打ち切られたら……と思うと、気が気でないんです」

「それは考えすぎというものだ。君は忙しいさなか葬儀に出席したのだから、得意先の社長さんだって感謝しているはずだ。だから取引に悪影響をきたすことなんか、まずありえない。数珠の件に関しては、相手だってそんなに気にはしてないだろうし、謝ればすむ問題だ」

この話はけっして他人事ではありません。

私たちは些細なミスを必要以上に大きくとらえる傾向がありますが、それらはたいてい簡単に解決することのほうが多いのです。

ですから、クヨクヨ悩んでこだわっている暇があったら、さっさと謝罪するなりして、自分のほうから問題解決に努めることです。そして、反省すべき点はきちんと反省し、同じ過ちを繰り返さないようにする。そうすれば、マインドだってマイナスからプラスに切り替わり、気持ちもだいぶ楽になるはずです。

それに、同じこだわるなら、小さなどうでもいいようなことではなく、もっと大きなこと、すなわち、夢や希望をいかに実現するかについてこだわりたいものです。

12 これはどうでもいいことだ。

人生でもっとも愚かな行為は、つまらないことでエネルギーを費やしてしまうことです。

人間には「使うべきエネルギー」と「使うべきでないエネルギー」の二種類があります。

どういうことかを簡単に説明すると、たとえば、仕事でミスし、上司からこっぴどく叱られたとします。

こういうとき、退社後、同級生と会って一緒に食事をし、学生時代の思い出に花を咲かせたり、仕事に役立つ情報を提供してもらえれば、有意義なアフターファイブを過ごしたことになります。これが「使うべきエネルギー」です。

ところが、同級生と会って一緒に食事をしても、上司に叱られた腹いせに上司の悪口を言い続け、挙句の果てにヤケ酒を飲むのなら、よけい気分が悪くなってしまいま

負のエネルギーは負しか生まない

翌　日
二日酔いでツラすぎる
ミスして部長にどなられる
きもち悪い
アタマ痛い
なんで部長は私ばっか
怒るんだよー!!
とことん飲んでやる!!
酒

す。これが「使うべきでないエネルギー」です。

したがって「つまらないことでエネルギーを費やしてはいないか？」「くだらないことでエネルギーを浪費していないか？」を一度きちんとチェックすることが大切です。具体的にいうと、以下の項目で該当するものがあれば「これはどうでもいいことだ」と心の中で叫び、できるものから改善していくようにするのです。それだけでも、やるべきことにエネルギーが集中できるのです。

- お酒を飲んでは誰かの悪口を言っている。
- 他人の顔色ばかりうかがっている。
- つきあい残業で時間と労力を費やしている。
- 周囲の人と持ち物を比較しては一喜一憂を繰り返している。
- 他人からよく思われようと見栄ばかり張る。

13

私は大丈夫！

他者暗示の力は強烈です。マイナスの情報をできるだけ遮断しましょう。

テレビや新聞で次のような見出しが出ていたとしましょう。

「A社がリストラで人員を大幅削減」

「インフルエンザが猛威をふるい、○○人が死亡！」

もし、こうしたマイナスのニュースばかりに関心がいくようであれば、これからはなるべく見たり読んだりするのは控えたほうがいいかもしれません。

というのも、人によっては「自分は大丈夫だろうか。心配だ」といったぐあいに、それがマイナスの暗示となって潜在意識にインプットされてしまう可能性があるからです。

すると、何度も述べているように「恐れるものは現れる」という心の法則によって、それが本当に現象となって現れてしまうのです。

そこで、マイナスの情報が入ってきて、それがどうしても気になる場合の対処策として、プラスの情報でマインドを清め直し、「だから、私は大丈夫！」という言葉を繰り返し唱えることをお勧めします。

たとえば「A社がリストラで人員を大幅削減」というニュースを耳にし、「私は大丈夫だろうか」という不安がよぎったら、人員削減で会社をクビになったにもかかわらず、転職に成功したり、独立・開業できた人の話を聞くように心がけ、心を落ち着かせたところで「だから、私も大丈夫！」という言葉を連発するようにするのです。

インフルエンザの猛威が怖いという人もやり方は同じです。

そういう人は医者の予防法を研究したり、家に帰ってくるたびにうがいを心がけ、そのたびに「だから、私は大丈夫！」と繰り返し自分に言い聞かせるようにするといいのです。

いずれにしても、**「私は大丈夫！」という言葉を口ぐせにすれば、心配や不安は消え、些細なことでは動じなくなる**のです。

14 頭を切り替えよう。

感情が運命を大きく左右していることに気づきましょう。感情のコントロールができる人が人生の勝者です。

人間には、さっきまで機嫌が良いと思ったら、あることがきっかけで、とたんに機嫌が悪くなったりするところが往々にしてあります。

しかも、それが度を越すと情緒が不安定になり、マインドレベルまで低下してしまうので、できることなら怒りのもとになる感情を制御する必要があります。

そのためにはどうすればいいかというと、どういう場面に遭遇したとき、どういった怒りの感情が湧いてくるかを、次のように、あらかじめデータとして頭の中に組み入れておくことをお勧めします。

・友達に新しい恋人ができたとき→妬《ねた》ましい気持ちでいっぱいになる。

- 同僚が上司にほめられたとき→一歩先を越されたようで悔しい気持ちになる。
- 上司に企画書を却下されたとき→がっくりする。
- 会議の席で同僚が自分と反対意見を唱えたとき→腹立たしい気持ちになる。
- 友達が最新のブランド品をゲットしたとき→なんとなくおもしろくない。

そして、ここからが重要で、そういった怒りの感情がこみあげてきたら意識的に、

「ほーら、データ通りの展開になったぞ」

と考え、「頭を切り替えよう」という言葉を唱えるようにするのです。

これを習慣にすれば、感情がかなりコントロールできるようになるはずです。


ひとくちに怒りの感情といっても、妬み・悔しさ・落胆・憎しみなどさまざまな感情があります。

それをあらかじめ把握しておくだけでも感情の抑制力が生まれ、マインドレベルの強化に役立つようになるのです。

言ってはいけない言葉　COLUMN 3

「○○だから……」

「忙しいわりには給料が少ない。残業代も支給されない」「一生懸命働いているにもかかわらず、会社は自分の能力を評価してくれない」「接待ゴルフにつきあわされたため、せっかくの連休が台無しだ」……このように、グチや不平不満を多く口にする人は、人生がなかなか報われないといっていいでしょう。

グチや不平不満というのは「今、自分は報われない境遇にある」「人生思い通りに展開していない」ということを自ら宣言するようなものです。

そうしたことを口にすると、自分の耳を経由して自分の潜在意識にインプットすることになります。

また他人に向かってグチや不平不満をこぼしたら、その言葉の持つ印象が、そのままその人の印象につながってしまいます。

グチや不平不満は不幸を呼ぶ呪文です。けっして言ってはなりません。

第4章

仕事で成功をおさめる最上の言葉

1 私はこの仕事が大好きだ。

仕事で成功をおさめるための絶対条件は、天職に目覚めることです。

仕事で成功をおさめる秘訣の一つは、

「好きで好きでたまらない仕事、時間が経つのも忘れるほど熱中できる仕事を見つけ、それに就くこと」

だと思います。

要するに、自分自身が心の底から没頭できる「天職」に就けば、必然的に成功するようになると説いているのです。

ところが世の中を見渡すと、収入や会社のネームバリューに目を奪われ、天職をないがしろにしている人がなんと多いことでしょう。

これでは成功できないと思います。

部品を解体したり組み立てたりするなど、機械いじりが大好きな人がセールスの仕事をしたらどうなるでしょう？　苦痛を感じるだけです。そういう人が「トップセールスマンになる」と決意し強く思念しても、効果はほとんど期待できません。

なぜかというと、建て前では「トップセールスマンになってみせる」と強く念じても内心では本気になっていないため、潜在意識もまた本気になりようがないからです。

そういう人は仕事に対する取り組み方がいつまでたっても消極的で、結局、営業成績も向上しないままで終わってしまうことになるのです。

逆に、そういう人が機械いじりの仕事に就けば、展開はガラリと変わってきます。マインドがいつもポジティブな状態に保てるので、作業に行き詰まることがあっても必要以上に落ち込むことはありません。

むしろ創意工夫が次から次へと頭をよぎり、「こうすれば、よりベターになるかもしれない」という向上心や探求心まで湧いてくるようになります。

そういう人はいずれ成功していくと思います。

自己特有の才能が存分に発揮できる天職に就いて、「私はこの仕事が大好きだ」と言えるようになることが大切です。

2

これだけは誰にも負けない。

人は誰でも天から〝特技〟を与えられています。その特技を見つけ、成功するのは時間の問題です。

天職に目覚め、それに就くことが仕事で成功をおさめるための必要条件ですが、それに加えて「これだけは誰よりも得意だ」「これだけは他人に絶対に負けない」という特技があると、成功する確率がさらに高くなるといっていいでしょう。なぜかというと、特技と呼べるものが一つでもあれば、それが仕事に対する大きな自信になってくれるからです。

自信があれば積極的に考え、積極的に行動できるようになります。

すると、等身大の願望なら比較的容易にクリアでき、その積み重ねが信念を強化してくれるため、いっそう大きな願望に挑もうとするパワーが湧いてくるようになるのです。

ただ、そうはいっても「私には特技と呼べるものなんか一つもない」という人だっているかもしれません。そういう人は今からでも遅くはありませんので、次の二点をヒントにするといいと思います。

①学生時代、得意だった科目・好きだった科目に目を向ける

小学校のころまでさかのぼって、「作文を書くのが得意だった」「暗算が得意だった」「理科の実験が好きだった」といったことを参考にするのです。それらのエッセンスを仕事に生かしていけば、案外、特技につながる場合があります。

②興味・関心のあることを行う

「これはおもしろそうだ」と思ったことは、ためらわずにトライすることです。いろいろなことにトライすれば個性が磨かれ、磨かれた個性が今まで気づかなかった才能を呼び起こしてくれる場合だってあります。その才能が特技を招き寄せてくれるのです。

以上のことを参考に特技に磨きをかけ、それを天職に組み入れることです。そして「これだけは誰にも負けない」という言葉が口ぐせとして無意識に口から飛び出すようになれば、成功者の仲間入りを果たすのは時間の問題となります。

3 よし、すぐにやろう。

「今日、行動を起こそう」と考える人と、「明日、行動を起こそう」と考える人では、その後の展開に天地の開きが生じてきます。

「これをしよう」「あれをしよう」「どこどこへ行きたくなった」「何々をやりたくなった」という気持ちになったとき、即座に行動に移すほうですか？

それとも、「そのうちにやろう」といって先延ばしするほうですか？

もし、後者に該当するようであれば、これからは即座に行動に移すように心がけましょう。

実際、こんな人がいました。ファイナンシャル・プランナーのAさんは、独身の女性を対象にした今までにない財テクの本を出版しようと考えていました。しかし、「私は今まで一度も本を出したことがないし、まったく無名の人間だから、出版社に原稿を持ち込んでも、どうせ没になるに決まっている」

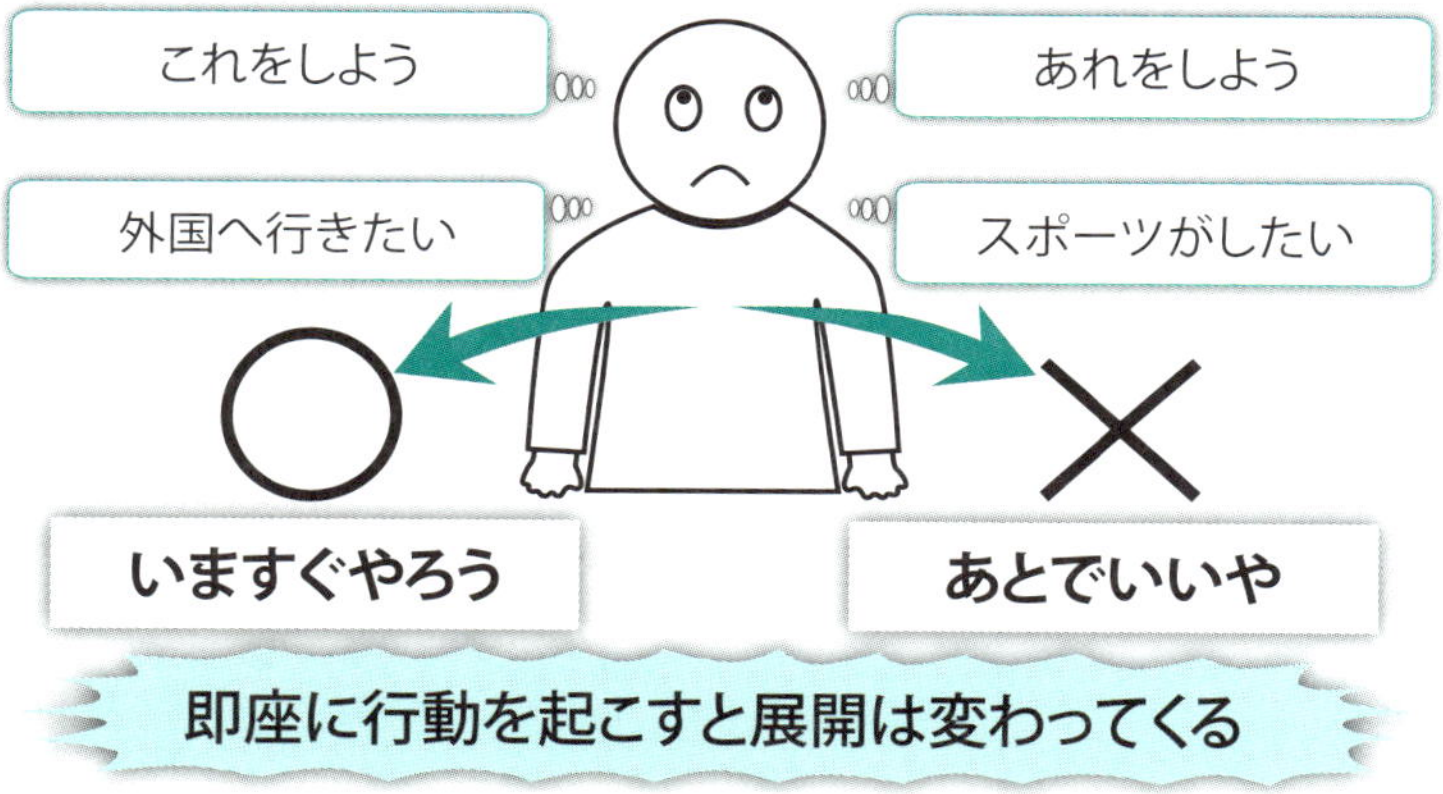

と考え、迅速《じんそく》に行動を起こさないでいたのです。

その後、周囲の説得もあって、ようやく知人がいる出版社に原稿を持ち込んだのですが、「時すでに遅し」で、結局、チャンスをモノにすることができませんでした。

というのも、その出版社では、同じような内容の本の出版がすでに決まっていたからです。そのため、編集者にこう言われたそうなのです。

「あなたが、もう一ヵ月早く原稿を持ち込んでくれたら、あなたの原稿を採用したのになあ。タイミングが悪かったですね」

何かをしようと思いたったら、「よし、すぐにやろう」と叫び、**即座に動くくせをつけること**が大切です。

4

モノは試しだ。とにかくやってみよう。

「うまくできるだろうか」という不安が頭をよぎったら、まずは行動を起こしなさい。不安は程なく解消されます。

何か物事を始めるときに、「うまくできるだろうか。もし、うまくいかなかったらどうしよう」と考え、行動するのをためらってしまう人がいますが、そういう人はなかなか成功できないといっていいでしょう。当たり前の話ですが、**やってみないことには成果など出るはずがない**からです。

それに、やってみれば、「成果が出る」「成果が出ない」の二つが予測でき、仮に成果が出なくても、どういう点に問題があったか、どこがダメだったかが浮き彫りになります。反省材料としても生かせます。つまり、一歩も二歩も前進するわけです。

わかりやすい例を出すと、料理を作って失敗したときのことを思い出してください。

そういうとき、嘆くというより、むしろ、

「どこに問題があったのだろう？」

「そうか、塩分が多かったんだ。よし、今度作るときは塩を減らそう」

「もう少し野菜を多く入れたら、味がまろやかになるかもしれない」

と反省点を明らかにし、それを次に作るときの参考にしたのではないでしょうか。

仕事にもまったく同じことがいえると思います。「モノは試し」ぐらいの気持ちで、とにかくやってみるのです。**まずは行動を起こしてみる**のです。それでダメだったら、反省点を明らかにして、次に生かしていけばいいのです。

それに、あれこれ考えているよりも、実際にやってみたら案外簡単にできてしまうことだって多いものです。

私が初めて講演にトライしたときがそうでした。初めのうちは、「学生時代に人前で話せなかった自分が、はたして人前で話などできるだろうか」と思ったりしましたが、いざ話しはじめると、意外とスイスイ話せたように記憶しています。

行動を起こすとき、不安や心配の感情が湧き起こったら、「モノは試しだ。とにかく、やってみよう」という言葉を口ぐせにするとよいでしょう。

できるかできないかを考える前に、とにかく動くことです。

5 もう少しだけ頑張ってみよう。

おもしろい法則があります。仕事の成果というものは「あきらめの悪い人」が手にするということです。

アメリカで実際にあった話を紹介しましょう。

ゴールドラッシュ時代、一攫千金《いっかくせんきん》を夢見て鉱脈を掘り続ける一人のジャーナリストがいました。

ところが、いくら掘っても金が出てきません。そのため、男は採掘設備をわずかなお金で人に売り渡し、故郷へ帰ってしまいました。

「本当にこの場所からは金が出ないのだろうか?」

採掘設備を男から買い取ったその人は、念のため鉱山技師に頼んで再調査を行いました。すると、意外な事実が判明しました。

なんと、あと一メートル掘れば、その鉱脈から金が発見できるとわかったのです。

この話を聞いたジャーナリストは、深く後悔したといいます。

なぜ、こんな話をしたかというと、成果というものは最後まであきらめない人だけが手にすることができるということを強調したいからです。

ところが現実を見渡すと、ちょっとやっただけで、すぐに「ダメだ」と言ってあきらめてしまう人がなんと多いことでしょう。

一時的な失敗に対して、あまりにも簡単に敗北宣言をしてしまっているのです。

しかし「失敗とは何事かを成し遂げる過程で起こることであり、そこで終わりという意味ではありません。だから、失敗を恐れてはなりません」とマーフィー博士が言うように、それは最終結論ではないのです。

ですから、九九パーセントがダメでも、一パーセントの可能性が残っていたら、その一パーセントの可能性を信じて、最後までやり続ける必要があります。

そうすれば、一パーセントの可能性が一〇パーセントに、一〇パーセントが二〇パーセントに、二〇パーセントが五〇パーセントに、そして五〇パーセントが一〇〇パーセントの可能性に転じる場合だってあるのです。

6 人と違ったことをやろう。

仕事で成功をおさめたければ「みんなと同じでいい」という感覚を捨て、オリジナリティに磨きをかけましょう。


「毎朝、9時に出社して、6時には退社している。その繰り返しだ」

「日中は顧客まわりして、夕方帰社したあとは伝票整理をしているパターンが多い」

このように仕事にマンネリを感じているなと思ったら、ましてや仕事で成功をおさめることを願っているのであれば、人と違ったことを行ってみることをお勧めします。**他者との差別化を図れば、**個性が磨かれていくと同時に、**飛躍・発展・成功のチャンスがつかみやすくなる**からです。

といっても、そんなに難しく考える必要はありません。長時間マージャンをしたり、ギャンブルをする暇があったら、専門学校やカルチャースクールに行くなどしてスキルアップを図ってみるのです。そうすれば、仕事上の特技がマスターできるだけでなく、転職や脱サラする際にも大きな武器になってくれます。

また、異業種交流会などに参加して情報収集に努めるのも手です。そうすれば願ってもない情報が得られるかもしれませんし、それがきっかけで斬新なアイデアが湧いてくるかもしれません。画期的な商品の開発に役立つヒントが得られる可能性だってあります。

さらにいえば、人がやらないこと、気づかないことに目を向けてみるのも手です。たとえば、みんなが英語の勉強をしていたら、中国語やフランス語を勉強するようにするのです。

そうすれば、「できる人が少ない」ということで、これまた大きな武器になってくれます。

お客さんに礼状を出すときも同じです。礼状を差し出す数にもよりますが、みんながパソコンで礼状を作成するなら、手書きで作成してみましょう。相手に自分の存在感をアピールする大きなチャンスになります。

このように、**他人が考えないようなことを考えたり、他人が無視することを直視することで、成功の可能性がグンと高まる**ようになるのです。

7 今、この仕事に全力を投入しよう。

なんの仕事でも、それがどんなにつまらない仕事でも、真面目に取り組めば必ず報われるときがやってきます。

当たり前のことですが、どんな仕事だって「すべてが楽しい」「やりがいを感じる」というわけではありません。

ときには、やりたくない仕事や気乗りのしない仕事をやらなければならないときだってあるでしょう。

しかし、そこで腹を立てたり、投げやりな態度をとる必要はありません。**どんな仕事でも真面目に取り組んでいけば、いつか必ず報われるときがやってくる**からです。

次に紹介するTさんがまさにそうでした。Tさんは大学卒業後、いっとき学術書を発行している小さな出版社で編集のアルバイトをしていたのです。残業・徹夜は日常茶飯事で、ある歴史学者の代筆をしたときなど、あれこれと注文がうるさく、何度も書き直させられたことがありました。しかし、その甲斐あって世界史に関しては誰よりも詳しくなり、彼が就職するときも、その歴史学者の推薦である予備校の講師になることができたのです。

Iさんも同じです。Iさんはもともと力士として相撲の世界にいたのですが、なかなか芽が出ず、三段目で廃業してしまいました。しかし、相撲の世界にいた五年間、彼はずっと「ちゃんこ料理番」を担当していたので、ちゃんこ料理を作ることに関しては誰よりも得意でした。そのため、後援者のバックアップにより自分のお店を開くことができ、これが大当たりしたのです。

したがって、どんな仕事でも「仕事がつまらない。退屈だ」「雑用ばかりさせられている」「仕事にやりがいを感じない」といって、投げやりな態度をとらないほうが得策です。そういうときこそ「専門知識や技術を習得する絶好の機会だ」「人脈をつくるチャンスかもしれない」と考え、今やるべき仕事に全力投入するのです。

そうすれば、いつか必ず報われるときがやってきます。「これで良かったのだ」と思えるときがやってきます。

幸運の女神は真面目にやっている人を決して見捨てたりはしないのです。

8

継続は力なり。

仕事で成功をおさめるためには知識や知恵や体験も大切ですが、もっと大切なのは一つのことを継続することです。

今やるべき仕事にコツコツと打ち込むことは大切なことです。

たとえ、今の段階では成果が出せなくても、あるいはそれほど能力が発揮できなくても、ひたすらまじめに誠意を持って取り組んでいけば、仕事のおもしろさがだんだんとわかってきたり、何かのきっかけで成功につながる場合だってあるからです。

Aさんがそうでした。彼が初めての本の執筆にトライしたとき、「はたして、自分にできるだろうか」と疑心暗鬼にとらわれたことが幾度となくありました。今まで本など一度も書いたことがなかったので、自信がなかったからです。

しかし、ある著者の「私に書けて、あなたに書けないはずがありませんよ」という言葉が、彼を発奮させました。

「なるほど、誰だって、初めはビギナーだ。やりもしないうちから、できるだろうかと考えるのはやめよう」

と思い直し、毎日コツコツと執筆を続け、ついに一冊の本を書き終えたのです。

こうして自信を得たAさんでしたが、その後、いくら執筆活動を続けてもヒットを出すまでには至りませんでした。正直にいうと、売れない本もかなりありました。

しかし、あきらめることなく、ひたすら執筆活動に明け暮れたところ、ついにヒット作品を生み出すことに成功するのです。これが突破口となって、その後、何十冊もの本を出版。多くの読者に夢と希望と喜びを与えることができたのです。

それは、何もAさんに特別な才能があったからではありません。とにかく、ひたすら執筆活動を続けたからなのです。

何事も焦って成果を出そうとしないで、**ひたすら、やるべきことを継続することが大切です。そうすれば、いつか必ず飛躍・発展・成功のチャンスにめぐりあうことができます。**

いずれ必要とする情報や必要とするお金が流れ込んできたり、応援・協力してくれる人が現れるなどで、人生最高の役どころが回ってくるようになるのです。

9 どこに問題があるのだろう。

問題は失敗することにあるのではなく、失敗したとき、どう対処するかなのです。

ビジネスで成功をおさめる人とそうでない人は、失敗したときの対応の仕方がまるで違います。成功をおさめられない人は、失敗すると消極的・悲観的になってしまい、前へ進もうとしなくなります。とにかく言い訳をしたり、責任転嫁することばかり考えます。ところが、成功する人は違います。あくまで積極的・楽観的に考え、いただけない点は素直に反省します。そして、そこから得た反省材料を明日の糧《かて》として、どう生かすかを考えるのです。

その好例が、カップヌードルの生みの親として知られている日清食品の創業者・安藤百福《ももふく》さんです。日本でインスタントラーメンが爆発的に売れたのに気を良くした安藤さんは、それをアメリカにも輸出し、事業の拡大を図ろうと考えたことがありました。ところが当初、アメリカではインスタントラーメンがさっぱり売れませんでした。

「どうして、受け入れられないのだろう？　どこに問題があるのだろう？」

そう思った安藤さんは素直に反省し、「味が薄すぎるのか？」「量が少なすぎるのか？」など、問題点を思いつくまま列挙してみることにしました。

すると、次のような結論に行き着いたのです。

「アメリカ人は箸《はし》を使う習慣がない。どんぶりも使わない。だから敬遠されるのだ」

こうして、インスタントラーメンをフォークとカップで気軽に食べられるように改良したところ、需要が一気に増していったのです。

安藤さんのこうした姿勢を見習い、失敗をしたら、いたずらに嘆いたりしないで、なぜ失敗したかを素直に反省し、問題点を明らかにして、新たに工夫した方法でその解決に努めることが大切です。

そうしたプロセスを踏まえて、再度チャレンジしていくことで成功体験が味わえるようになるのです。

その意味で、失敗したときは真っ先に「どこに問題があるのだろう？」という言葉を口ぐせにするといいと思います。

10 あなたはどう思う？

他人の意見を聞くとき、建設的意見には大いに耳を傾けましょう。問題解決の糸口が見えてくるかもしれません。

「ジョハリの窓」という心理用語があります。これは、ジョー・ルフトとハリー・イングラムという二人の心理学者の名前を組み合わせた心理学用語で、人間の心にある四つの側面のことを意味します。

四つの側面とは「自分も他人も知っている部分」「自分も他人も知らない未知の部分」「自分は知っていても他人は知らない部分」「自分は知らないが、他人からよく見える部分」のことで、なかでも「自分は知らないが、他人からよく見える部分を意識することがより重要である」と二人は指摘しています。

なぜかというと、他人の意見を聞くことで、今まで自分が気づかなかったことが認識できる場合があるからです。

そして、これは仕事が暗礁に乗り上げたときも同じで、そういうときこそ問題解決の一環として他人の意見に耳を傾けてもらいたいのです。

仕事が行き詰まっているとき、おそらく定められた角度からしかモノが見られないだろうし、一定のところからしか情報が得られていないはずです。

しかし、他人は違った角度からモノを見るし、フレキシブルに意見も言ってくれます。すなわち、他人の何気ないひと言で打開策が見つかったり、飛躍・発展のヒントが得られる場合が往々にしてあるのです。

したがって、仕事で行き詰まったときは一人でクヨクヨと悩むのではなく、人に会い、意見を求めるように心がけるとよいでしょう。自分を飾らずに、素直な気持ちで聞き耳を立てるようにするのです。そうすれば「自分は固定観念にとらわれていた。別の角度から眺めれば、こういうやり方も考えられるな」といったぐあいに、問題解決のヒントや打開策が、案外容易に思い浮かぶかもしれません。

経営の神様と呼ばれた松下電器（現パナソニック）の創業者・松下幸之助さんは、「あんた、どう思う?」を口ぐせにしていました。聞き耳を立て、他人の意見や情報で使えるものはいただき、それを事業に生かそうと考えていたのです。

11

さっさと謝ろう。

さっさと謝ることができるのは、仕事の成功に不可欠な一つの立派な能力です。

ビジネスの世界においてトラブルやアクシデントはつきものです。なかでも一番厄介なのは、人間関係のトラブルではないでしょうか。小さな誤解が大きな誤解を生んで、それが取引や信用問題にまで進展していったという話はよく耳にするものです。

そういうときに大切なのは、**問題が発生したら、すぐに相手のところに足を運ぶこと**です。すぐに現場に急行し、相手と話をすれば、案外簡単に誤解が解け、ギクシャクしていた問題がその場で解決してしまうということがけっこうあるからです。

逆にそれを一日でも延ばしたなら、問題はさらに大きくなっていきます。

一番たちの悪いのは、何もしないで手をこまねいていることです。

これでは問題解決どころか、仮に最初は小さな火種であったとしても、ますます大

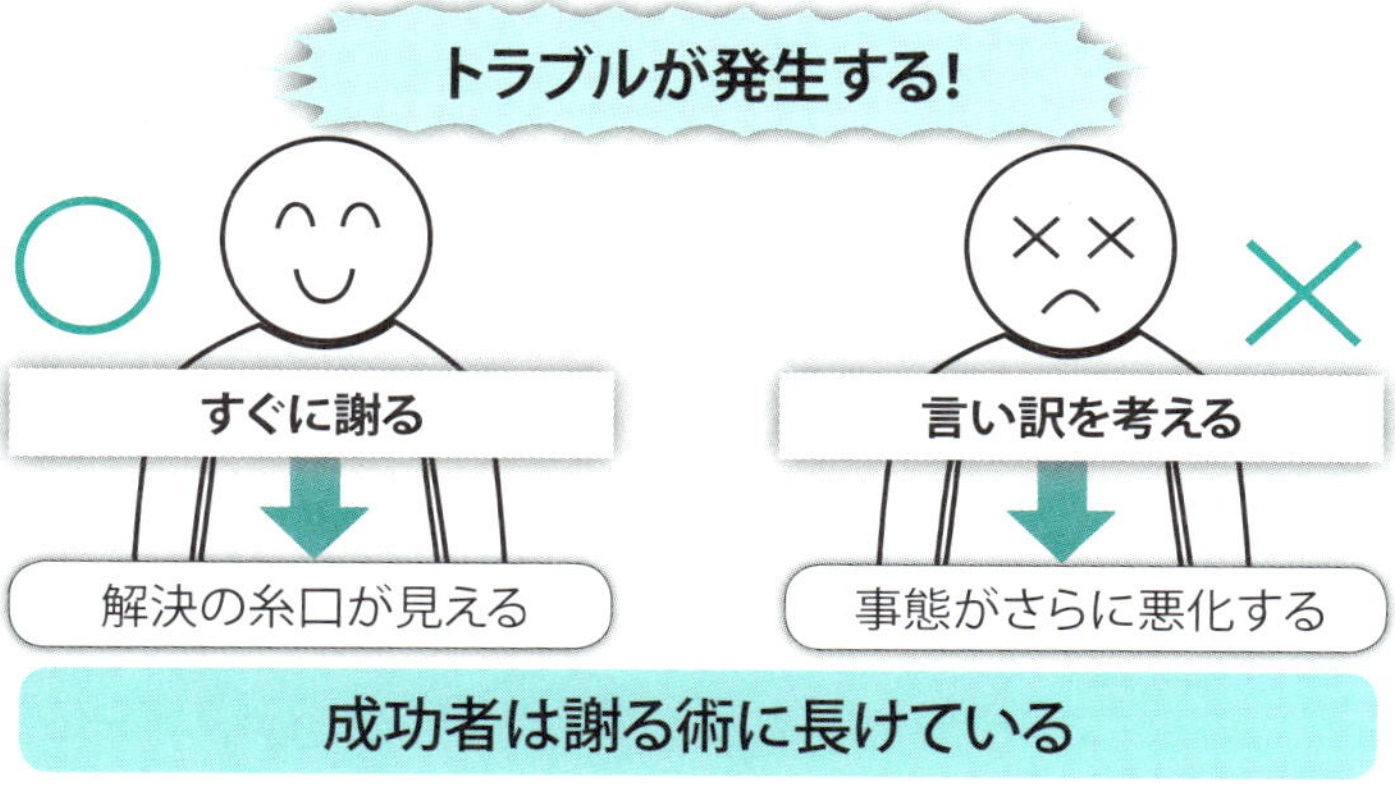

きくなるばかりです。あとになって、取り返しのつかない事態にだってなりかねません。

成功者は違います。さっさと謝れる術《じゅつ》に長《た》けています。なぜかというと、素直に謝罪することで、状況に変化の兆しが現れることを熟知しているからです。

そこで、「自分に非があるな」と思ったら、思い切って腹を決め、先方に対して一切の言い訳をしないできちんと謝るように心がける必要があります。それも電話やメールではなく、直接会って謝罪するのです。

こじれた関係を修復するためには、問題を先送りしないで、迅速に対処する。

これも、成功するために欠かすことのできない一つの立派な能力なのです。

12 今が絶好のチャンスだ！

絶好のチャンスというものは、
どんな人にも天から共通に与えられています。

成功のチャンスは誰にでも訪れます。そのチャンスを生かすには絶えず仕事のバイオリズムを把握しておき、その波に乗る必要があります。

そのための秘策として、
「最近は、やることすべてがうまくいく」
「仕事をしていると、気持ちがワクワクしてくる」
という感覚が湧き起こったときは、好機が到来したと考え、積極的に行動を起こすとよいでしょう。

なぜなら、この種の感覚は理性を超越した潜在意識からのメッセージである可能性が高いからです。

言い換えると、潜在意識が成功する方向に誘導しようとしているのです。ですから、こういうときは、多少無理してでも、あるいは無謀と思えるようなことであっても、「今が絶好のチャンスだ」と考え、リスクを恐れずに突き進んでいくとよいのです。

その好例が、豊臣秀吉の「中国大返し」です。

備中（今の岡山県）で毛利の大軍と対峙《たいじ》していた秀吉は、主君織田信長が明智光秀の謀反《むほん》に倒れるの知らせを受けるやいなや、ただちに敵と和睦し、暴風雨の中、一気に京都に向けて進軍を開始しました。

きわめて過酷な強行軍であったため、多くのケガ人が出たとされていますが、秀吉にしてみれば「ここで謀反人・明智光秀を討てば、信長の後継者として名乗りを上げることができる。こんな機会はまたとない」という気持ちがあったと考えられます。

したがって「今が絶好のチャンス」だと思ったら、とにかく大胆に、前向きに行動するとうまくいくことが多いのです。

逆に、そういうとき何もしなければ「結局、チャンスには縁がなかった」で終わってしまうことになってしまいます。

13

これはゴールではなく、新たなスタートだ。

安楽のクッションに座っていると、人は眠りこけてしまうので注意が必要です。

横綱・大関は別として、本場所で優勝した下位の力士の多くは、翌場所、さんざんな結果に終わってしまうことが多いものです。プロ野球の選手も例外ではなく、そのシーズンは本塁打王を取るなどして大活躍しても、翌シーズンになると、さっぱりダメという選手がいます。

その原因を、ある脳の研究者が分析したことがありました。

その結果、次のような結論に行き着いたのです。

「脳の働きをつかさどる回路は、目標を達成しようとする意欲によって活性化される。ところが、一つの目標を達成することで意欲がなくなると、脳の働きをつかさどる回路もきちんと作動しなくなる」

優勝や本塁打王といった一つの大きな目標を達成してしまうと、しばしの間、安住して気が緩んでしまうため、次のステップ（さらなる目標）への回路づけがうまくいかなくなる。そのため、好ましい結果が出せなくなるというのです。

さて、なぜこんな話をしたかというと、人生も例外ではなく、一つの目標を達成し、**「これでいい」と思った瞬間、その人の成長は止まってしまう**ということを強調したいからです。

しかも、止まったら最後で、あとはどんどん下降していくだけです。

すなわち、「今の役職でいられればそれでいい。今の給料さえキープできればそれでいい」「親子三人がつつがなく暮らせていけばそれでいい」といったように、現状を保持すると、消極的な人生しか歩めなくなってしまうのです。

しかし、それでは生きがいのある人生を生きたことにはなりません。

人生で一つの目標を達成したら、間をおかずワンランク上の目標を設定し、その達成に向けて邁進していくことに醍醐味があるのです。

この姿勢さえ崩さなければ、脳はいっそう活性化し、気がつけば驚くほど大きなことを成し遂げることができるようになるのです。

「忙しい。忙しい」

いつも「忙しい。忙しい」という言葉を口ぐせにしている人がいます。しかし、こういう言葉を口にする人にかぎって、実際はたいして忙しくなかったりする場合が多いものです。

それに、こんな言葉を聞かされるほうはたまったものではありません。なんだか、せわしなく感じてしまい、くたびれてしまうからです。

また「忙しい。忙しい」という言葉は、一歩間違えると、人から誘われたり、依頼されなくなってしまうのでチャンスを逃してしまうことになります。

だいいち、「忙しい。忙しい」という言葉は否定的な要素が強いため、自分自身の潜在意識にもマイナスの想念としてインプットされてしまいます。すると潜在意識の働きによって、自分自身も本当にあわただしい気持ちになってきます。

「忙しい」は、その場を不快にしてしまうばかりか、不運を引き寄せる呼び水となってしまうのです。

第5章

願望をかなえる魔法の言葉

1

強く願えば必ず実現する。

願望は人間が生きていくうえでの最高の栄養素です。

郊外に、理想とする一戸建てのマイホームを手に入れたとしましょう。

でも、この先ずっとその家に住まなくてはならないという状況を想像してみてください。初めのうちはうれしい気分に浸れるかもしれませんが、住んでいるうちに、だんだんと幸福感が薄れていくのではないでしょうか。

そこには、

「もっと大きなお風呂のある家に暮らしたい」

「できることなら、子ども部屋がもう一つ欲しい」

「庭をもっと大きくして、休日はバーベキュー大会をやりたい」

といった希望や楽しみがないからです。希望や楽しみがないため、幸福感も次第に薄れてきてしまうのです。

一方、今はオンボロアパートにしか住めなくても、

「この仕事で成功をおさめて、給料が上がればマンションに住める」

「さらに大きな成功をおさめて、もっともっと給料が上がったら、山中湖に別荘をかまえよう」

と考えれば、ハッピーな気分になれるはずです。

そこには〝将来への希望〟や〝未来の楽しみ〟があるからです。それによって毎日がウキウキしたり、生活に張り合いが生じてきたりするのです。

人間特有のこの心理作用を活用しない手はありません。

将来への希望、未来の楽しみをどんどん持つことです。そして、それを担ってくれるのが願望なのです。

しかも、マーフィー博士が言うように、この世の中には「強く願ったことは、どんなことでも、必ず実現する」という法則が存在します。

つまり、その法則にかなう生き方をすれば、たとえ現状がどうあろうと、誰だって願望を一〇〇パーセント実現させることが可能になるのです。

2 私の夢はこうなることだ。

あなたの願望が細部にわたって描かれたとき、それは現実のものになります。

願望とは本来人間が抱く自然の欲求を指すので、複雑に考えることはありません。その中身がなんであれ、いつかやってみたいことが願望であっていいのです。

しかし、その内容はできるだけ明確にする必要があります。つまり「いつか、こうしたいなあ」「いつか、ああなりたいなあ」と漠然と願うのではなく、細部までリアルに描いた想像の絵を心に描いてもらいたいのです。そのほうが強烈な想念となって潜在意識に刻み込まれるため、現象として実現されやすくなるからです。

たとえば「いつか、海外へ旅行に行きたい」という願望があったとしたら、次に「どこの国に何をしに行くか?」を細かく検討してみるのです。

「インドに行ってヨガの体験をする」

「ローマに行って世界遺産を見学する」

「カナダでスキーをする」

このように、海外旅行に行く内容をできるだけ明確にしておけば、願望を思う力、すなわち想念の度合いもだいぶ違ってくるのです。

「将来、クリエイティブな仕事をしたい」と考えている人も同じです。

まずは「カメラマンになりたいのか?」「デザイナーになりたいのか?」「コピーライターになりたいのか?」を明確にしましょう。そうすれば、そのためには何をしなければならないかということがより明確になるため、想念が強まっていくはずです。

繰り返し言いますが、ただ漠然と、「いつか、こうしたいなあ」「いつか、ああなりたいなあ」と思っているだけでは、想念がなかなか潜在意識に刻み込まれません。

それよりも、具体的にどうしたいのかが明確にイメージできるような思いのほうが、強烈な想念として潜在意識に確実にインプットされるため、願望の実現もそれだけ早まるようになるのです。

ですから、願望をはっきりと心に描き、「私の夢はこうなることだ」と繰り返し言葉に出して確認してみましょう。

3 なんのためにそうなりたいのか？

動機が不純だと、仮に願望がかなっても
その人は不幸になります。

願望の内容はできるだけ明確にする必要があります。同時に「どうしてそうなりたいのか?」という動機づけをはっきりさせておくことも大切です。

この点をないがしろにすると、あとになって「こんなはずではなかったのに……」と手痛いしっぺ返しをくらうことになるからです。

とくに気をつけてもらいたいのが、あこがれだけで願望を掲げてはいけないということです。たとえば、定年退職を機にフィリピンに移り住んだ夫婦がいました。

「物価が安いし、暖かいし、のんびり暮らせるだろうから」

というのがその理由です。しかし、現実は理想と大きく違っていました。言葉や風習の違い、治安の問題などで次第にフラストレーションが増大し、わずか一年で日本に戻ってきてしまったのです。今では夫婦共々「海外暮らしはもうこりごり」と言っているそうです。

また、「人から尊敬の眼差《まなざ》しを浴びたい」「人前で格好をつけたい」という動機で願望を掲げるのも禁物です。そのたとえとして「社長業の大変さ」があります。

社長になれば見栄が張れ、格好がつけられると考えている人がけっこういますが、それは勘違いもいいところで、社長業はそんなになまやさしいものではありません。

仕事はものすごくハードで神経をすり減らす一方だし、経営が行き詰まったら、全責任をかぶらなくてはならないからです。したがって「社長になって何々をやりたい」という崇高な理念がなければ、後悔することになるのです。

結論的に言えば、なぜ、その願望をかなえたいのか？　その願望をかなえることが生きがいの創造や自己実現につながっていくのか？　快適なライフスタイルを送ることにつながっていくのか？　等々を見定めることが重要になってきます。

ですから、「こうしたい」「ああなりたい」と思ったら、その前に「なんのためにそうなりたいのか？」を口に出して確認するくせをつけることです。そうすれば、道を踏み外すこともなくなるはずです。

4 他人は他人、自分は自分。

他人には幸福につながる願望であっても、あなたにとっては不幸を呼び込む場合もあることを忘れてはなりません。

身近にお金持ちの人がいて、その人が自宅に自分を招待し、もてなしてくれたとしましょう。そういうとき、こんなことを考えるのではないでしょうか。

「私もこんな豪邸に住めたらなあ」

「自分もいつか、こんな高級ワインが飲みたいなあ」

もちろん、こう考えること自体、悪いことではありませんが、他人のライフスタイルや持ち物をうらやましがってばかりいるのも考えものです。なぜなら「私もあの人みたいな暮らしがしたい」という動機で願望を設定すると、自分らしい生き方とかけ離れた人生を送ることになる場合もあり、後悔することになるからです。

そして、これはほかのあらゆることにおいても同じことがいえます。

たとえば、サラリーマンとして実力を発揮する人もいれば、独立して実力を発揮する人もいるだろうし、同じ自営業者でも社員を大勢率いて仕事を行う集団戦タイプに向いている人もいれば、あくまでマイペースに仕事を行う個人戦タイプに向いている人だっています。

マイホームにしたって同じです。マンション暮らしに向いている人もいれば、一戸建て住宅での暮らしに向いている人だっているだろうし、都会暮らしが合っている人もいれば、田舎暮らしのほうが合っている人だっています。

旅行も同じで、「あの人がインドに行ったから私もインドに行きたい」では、結局、後悔することになります。現にそういう気持ちでインドに行って、「気候も食べ物も合わず、さんざんな思いをした」という人がいます。

ですから、あなたも「他人は他人、自分は自分」といつも自分に言い聞かせ、「あの人のようになることが、私にとっての幸福につながっていくのか?」「あの人みたいになることが快適な生活につながっていくのか?」を冷静な目を持って吟味するように心がけることが大切です。

5

いついつまでにこうなる。いついつまでにこうする。

願望を成就させたいならばタイムリミットを設けましょう。あるとないとでは、思考も行動も大きな差が生じてきます。

願望を掲げたら、同時に「いついつまでに、この願望をかなえる」という達成期限を設けるといいでしょう。

達成期限を設けたほうが、それに向けての意気込みや情熱が強化されるため、潜在意識にインプットする想念の度合いも自ずと強まっていくからです。

それに、そのほうが願望に対してエネルギーを一点集中できるというメリットもあります。

「一級建築士の資格を取得したい」という願望があったとしても、達成期限を設けなければ、「休みの日はテニスもしたい」「夏休みは沖縄へ旅行に行きたい」などという気持ちに打ち負かされ、勉強に身が入らなくなってしまうのではないでしょうか。

でも「今年中に何がなんでも資格を取ってみせる」と期限を設ければ、目標達成に向けて発奮せざるをえなくなり、休日テニスをしたり、夏休みに沖縄へ旅行に行くことが二の次・三の次に思えてくるはずです。

したがって、次のように達成期限を設け、「いついつまでにこうなる」「いついつまでにこうする」と心の中で強く叫んでみましょう。

「半年以内にマンションに引っ越す」

「三年以内に脱サラして自分のお店をオープンさせる」

ただ、すべてが自分の思い通りにいくとは限りません。ときには「新しいパソコンを買わなくてはならないため、マンションの引っ越しは当分お預けになりそうだ」と延期を余儀なくされることだってあるでしょう。

また「ニュージーランドではなく、スイスに行きたくなった」と願望そのものを変更せざるをえない場合だってあります。そういうときは、**自分の気持ちに素直にしたがい、ためらわずに願望の延期・変更・修正を行いましょう。**

とくに願望の変更をしないでいると、〝将来への希望〟や〝未来の楽しみ〟が次第に薄れ、毎日の生活に張り合いがなくなってくるので注意が必要です。

6

○○したい。

潜在意識に願望を引き渡すためには、想念の反復が必要です。

さて、ここからはいよいよ願望をかなえるためのテクニックについて述べていくわけですが、そのための基本条件として、願望を潜在意識にインプットしていく方法を考えなくてはなりません。ということは、**願望を思う時間、つまり想念する時間を意識的に増やしていく必要があります。**

このことについて、マーフィー博士は次のように述べています。

「あなたが習慣を形成する場合、それは一つの考えや行為を何度も何度も潜在意識の中に路線として確立し、自動的になるまで繰り返すことによってなされます。たとえば、水泳・ダンス・自動車運転などがそれです。同じく、あなたの希望することを肯定的に繰り返し潜在意識の中に送り込むことが大切で、この行為を繰り返していると、人はついにそういうふうになることを信じるようになります。ですから、いつも願望を繰り返し唱えるくせをつけましょう」

要するに、想念を繰り返し、願望が潜在意識に深く刻印されると、それによって私たちの活動は支配され、結果的に願望がかないやすくなると指摘しているのです。

この原理をうまく活用し、通勤（通学）電車の中、喫茶店で人を待っているとき、夜、眠りにつく前など、暇を見つけては次のように願望を強く念じる必要があります。

「必ず税理士の試験に合格する。必ず試験に合格する……」
「絶対に自分のお店を持つ。絶対に自分のお店を持つ……」

その際のポイントは、全身の力をなるべく抜き、深呼吸を行い、ゆっくりと息を吸い込むのに合わせて願望を強く念じること。これを数回行うだけでも、パワーの伴った想念を潜在意識に送り込むことになります。

ちなみに、想念に費やす時間は、TPOにもよりますが、一回につき、一〇秒～三〇秒を目安にするといいかもしれません。

7 未来はこんなに楽しい。ワクワクするなあ。

願望がかなったシーンを心に描き、それが存在していると信じましょう。きっと願望がかなえられた喜びを体験できます。

願望を確実にかなえるためには想念を行う時間を意識的に増やしていく必要があります。しかし、「言うは易《やす》し、行うは難《かた》し」とはよく言ったもので、イマイチ想念に身が入らないときだってあるかもしれません。

仕事が忙しかったりしたのなら、忘れてしまう人だっているかもしれないし「今日は疲れているから……」といって、ついつい怠けてしまう人だっているでしょう。

そこで、興味を持たせるため楽しみながらやる方法も必要になります。

願望を視覚化して想念するイメージングを実践してみることをお勧めします。

これは、願望がかなって喜びに浸っているシーンを思い浮かべる図形化瞑想の一種で、マーフィー博士は〝心の映画法〟と呼んでいます。

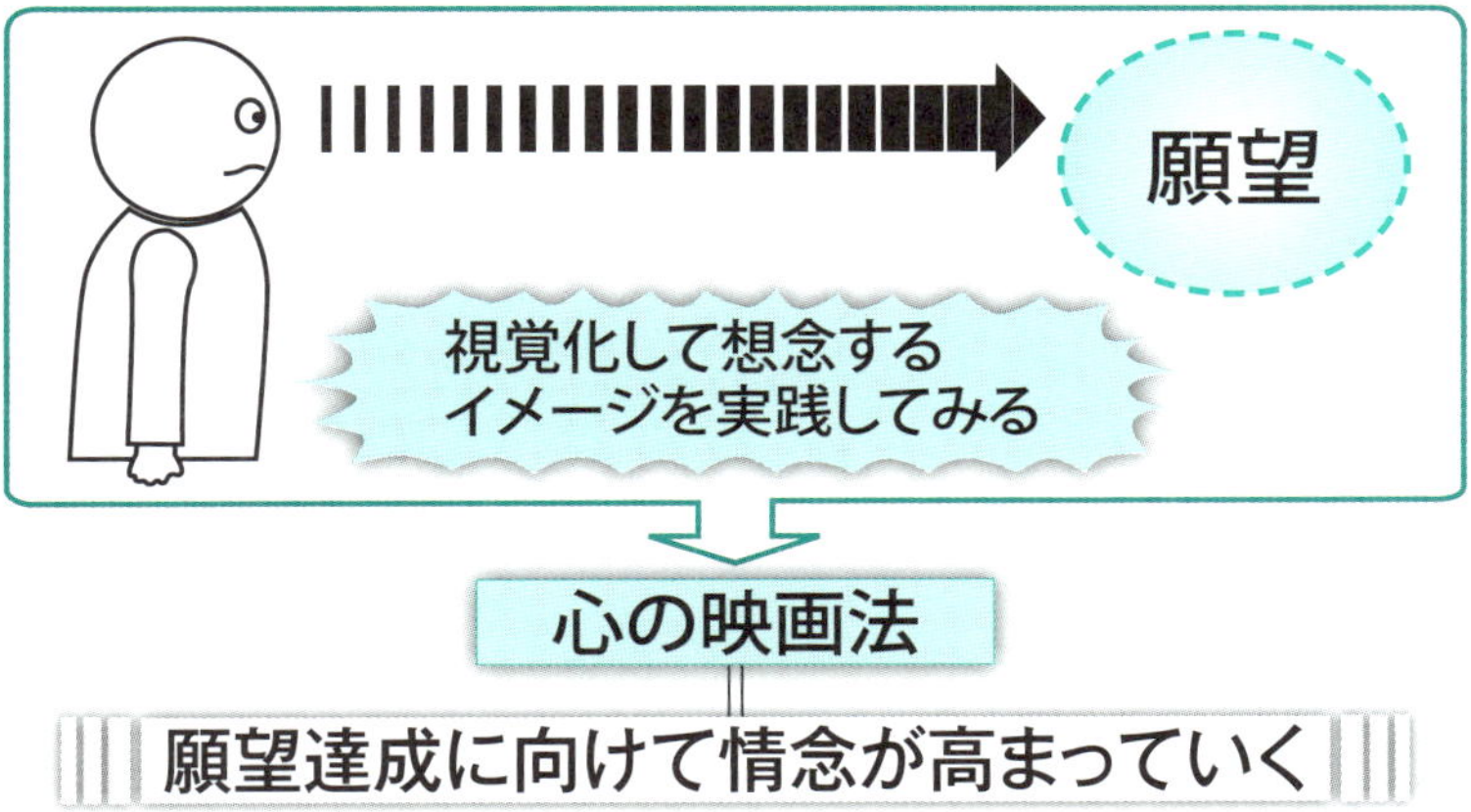
願望
視覚化して想念する
イメージを実践してみる
心の映画法
願望達成に向けて情念が高まっていく

ただ、このイメージングにもコツというものがあり、**心身をリラックスさせた状態で行い、**なおかつできるだけリアルに具体的にイメージし、**感情を移入することでイメージの世界が本当のように思えてくるまで行う**のです。

このイメージングを毎日行えば、

「願望がかなうと人生が楽しくなる」

というハッピーな感情に満たされ、それに伴い願望達成に向けての情熱と信念も高まっていくはずです。

そして、イメージングを行うたびに、「未来はこんなに楽しい」「ワクワクするなあ」と思えてきて、それが口ぐせになればしめたものです。

相当量の想念を潜在意識にインプットしたことになります。

8 今日も眠るのが楽しみだ。

潜在意識に願いを刻みつける最良の時間帯は就寝前です。この時間を大切にしましょう。


一日が無事に終わり、床に就いた直後、いつもどんなことを考えていますか?

「今日は新規の契約に失敗してしまった。明日、上司になんと言い訳しよう」

「会社の経営が思わしくない。もし、倒産したらどうしよう」

このように、マイナスのことを考えながら床に就いていたとしたら、今日から早速改善していく必要があります。

なぜかというと、何度も述べているように、そういうマイナスのことを考え続けていると、それがマイナスの想念となって潜在意識にインプットされてしまうため、いつか本当にマイナスの現象が起きてしまうからです。

しかも、**寝る前にマイナスのことを考えるのは危険なこと**です。人間はウトウトしてくると、顕在意識の活動が次第に弱まり、潜在意識だけが活発に活動するようになります。

そういうときにマイナスの暗示を送り込んだら、潜在意識がそれをもろにキャッチしてしまう恐れがあるのです。

しかしこれが本当だとしたら、私たちはそこにある種の希望を見出さずにはいられません。

つまり、**就寝前の時間帯を有効に活用し願望を潜在意識に送り込めば、**眠りに就いてから、**その方向に向かって潜在意識が動き出してくれるようになる**からです。すなわち前項で述べたイメージングを、眠りに入る直前に行ってもらいたいのです。

大口の契約をとって上司から祝福されているシーン。

公認会計士になって開業し、顧客と打ち合わせをしているシーン。

こういったことをイメージしながら眠りに就けば、いつか必ずイメージ通りの現象に遭遇するはずです。

「今日も眠るのが楽しみだ」

という言葉が無意識に出てくればしめたものです。

9 本当にそうなる。

願望を活字で表し、眺める行為はものすごく大切です。その実現を熱烈に思うことにつながるからです。


「いつもカバンやバッグの中に何を入れていますか?」

「背広のポケットの中に何を入れていますか?」

こう聞かれると、たいていの人はお財布、定期入れ、携帯電話、メモ帳、メガネケースなどを思い出すはずです。

それが願望実現とどう関係があるかというと、それらグッズも活用の仕方次第で、想念を強めるための格好の武器になってくれるということを強調したいのです。

具体的にいうと、お財布、定期入れ、携帯電話など、**常時、目にとまるものに自分の願望を書いた紙を貼り、暇を見つけてはそれを眺める**のです。

一回に目にする時間は数秒かもしれません。しかし、一日に何回も繰り返し眺めれば、願望を思う気持ち、すなわち想念が強まっていき、潜在意識に刻印される度合いもそれだけ強まるようになるのです。

ただ、問題は願望の書き方です。これについて述べると、「私は青山や六本木みたいなトレンディな街にあこがれているので、できれば、そういう場所にある高級マンションに住めますように……」とダラダラ記すのは好ましくありません。**願望をストレートに潜在意識に伝達させるためにも、**次のように**簡素・明解に記しましょう。**

「トレンディな場所にあるマンションで暮らす」

「ニューヨークでブロードウェイ・ミュージカルを観る」

「独立成功！　月収百万！」

「司法試験合格！　法律事務所開業！」

このように、グッズに貼り付けた文言《もんごん》を暇さえあれば眺めるようにすれば、願望を思う気持ちがどんどん高まっていきます。そうすれば、想念も強まっていきます。

すると、いつしか心の底から「本当にそうなる」という確信が持てるようになるのです。

10 これは未来の私だ。

あなたは未来を現実に見ることができます。それを信じれば本当の現実になります。

願望を気軽に楽しくイメージできる工夫をこらしてこそ、想念のパワーも倍増するのです。

その意味で、絵を描くのが好きな人は願望がかなったシーンを描き、それを眺めてイメージするのも、想念を潜在意識に送り込むうえで有効な方法といえるかもしれません。

理想のマイホームを購入し、庭で家族とバーベキュー大会をしている光景。

あこがれのオーストリアのカフェでコーヒーを飲んでいる光景。

弁護士事務所を開業し、依頼者にアドバイスしている光景。

こうした〝理想とする将来像〟を、心を込めてできるだけリアルに描くのです。

ただ、そうはいっても「絵を描くのはどうも苦手だ」という人だっているかもしれません。そういう人には、写真を眺めることで願望がかなったシーンをイメージするやり方をお勧めします。

たとえば南の島でダイビングを楽しみたければ、風景写真や水中写真を雑誌などで探し、気に入ったものがあればそれを切り取り、部屋の壁などに貼り、それを眺めるようにするのです。

小さな写真であれば、定期入れやお財布などに入れ、ちょっとした空き時間に眺めることだってできます。

さらに私がお勧めするのが、ファンタジー・マップという想念法です。やり方は模造紙を用意し、真ん中に自分の写真、その周囲にかなえたい願望に関係する写真や絵を貼り付け、それを眺めるようにするのです。

以上、三つのやり方を紹介しましたが、いずれの場合も**眺める際、「願いがかなってうれしい」という感情を入れることが重要**になってきます。

これを習慣にしてしまえば、絵や写真を目にするたびに「これは、未来の私だ」と心の底から思えるようになるはずです。

11 まるで願望がかなったみたいだ。

願望を先取りし、自分がそうなったかのような体験を味わえば、現実でも同じ体験が得られるようになります。

ある女性の話を紹介しましょう。ＯＬのＲ子さんは、学生時代からイタリアへ行くのが夢でした。

しかし、一八歳のとき大きな不運に見舞われました。父親が多額の借金を抱えながら病死したため、大学を中退し印刷会社に働きに出て給料の大半を借金返済に充てなければならなくなってしまったからです。それから、七年目にして借金を全額返済したものの、Ｒ子さんには、依然として海外へ行く余裕などありませんでした。貯金がゼロに近く、仕事もハードだったためです。

しかし、彼女が他の人と違っていたのは、マーフィー博士の熱烈な信奉者であることでした。

つまり、いつか必ずイタリアへ旅行に行けることを信じ、ウインドー・ショッピングをするときも、イタリアン・レストランで食事をするときも、まるでイタリアを旅行しているかのように振る舞ったのです。

「今、私はローマの街中にあるブティックにいる」

「今、私はイタリアで本場のピザを食べている」

その結果、奇跡が起こりました。数年前に独立した元上司から好条件でヘッドハントされたのを機に、今働いている会社に退職を申し出たところ、予想をはるかに上回る退職金をもらい、そのお金で念願のイタリア旅行に行くことができたのです。

この話は、けっして特殊な例ではありません。

ベンツが欲しければ、展示場に足を運び試乗してみる。

社長になりたい人は、高級家具売り場で実際に高価な椅子に座ってみる。

要するに、**願望に関係する場所へ出かけるなどして、本当にそうなったかのような体験をしてみる**のです。

そうすれば、これまた相当量の想念を潜在意識にインプットすることになるため、**潜在意識の〝思考を現実化させる働き〟を目の当たりにする**はずです。

12 絶対にそうなってみせる。

不可能なことは、この世にありません。信念さえあれば、非常識さえ常識に転じるようになるのです。

これまで、潜在意識に想念をインプットするための方法について述べてきました。しかし、イメージングをはじめ、それら想念法を実践しても、心の片隅に「やっぱり、自分には無理かもしれない」という疑心暗鬼の気持ちがあるようでは、なかなか効果は期待できません。それはたとえていうと、自動車を運転するときにアクセルとブレーキを同時に踏んでいるようなものです。

そこで、**必要になってくるのが「絶対にこの願望を達成してみせる」「何がなんでも必ずそうなってみせる」という信念**です。

信念が備わっていれば、逆境やピンチに見舞われたり、自分の思い通りに物事が進まないときでも、やる気と情熱が維持できるため、絶えずポジティブな気持ちでいられ、なおかつ困難を乗り越えていこうとする勇気が持てるからです。

では、信念を強めるためには、どうすればいいのでしょうか。第一は等身大の願望からチャレンジしていき、達成感を味わってみることです。たとえ小さな願望であっても、それをクリアすれば「私だって頑張ってやればできるんだ」という自信が持てるようになります。その積み重ねが信念の強化につながっていくのです。

もう一つの方法として、自分専用の「信念手帳」を作ってみるのも手です。古今東西の名言や成功のノウハウを説いた本の中に記されてある心打つ言葉に印をつけて、それを手帳やノートなどに書き写し、絶えず持ち歩き、気分がマイナスになるたびに眺めるようにするのです。

ちなみに、そうした言葉を書き写すときの気持ちも大切です。

感銘を受けた言葉を書き写すという行為は、それ自体が信念の強化に一役も二役も買ってくれるからです。

そして、逆境やピンチに見舞われたり、自分の思い通りに物事が進まないときに、「絶対にそうなってみせる」という言葉が無意識に口から飛び出るようになればしめたものです。信念がそれだけ強まった証拠です。

13

毎日が変化にとんでいる。

願望をかなえる人は、ときとして行動パターンを変えます。そしてそれは結果的に常に正解なのです。

願望達成のチャンスというものは、いつ、どこで、どういう形でめぐってくるかわからないので、積極的に行動する必要があります。それでもなかなか状況に好転の兆しが見えてこない人は、「毎日が変化にとんでいる」と心の中で叫び、行動パターンを変えてみてはいかがでしょう。

マンネリを打破し、いつもと違ったことを行えば、潜在意識の誘導措置によって思いがけない人に出会ったり、願ってもない情報が入手できたりするため、ときにはそれが願望実現のきっかけになる場合もあるからです。

実際、通勤ルートを変えたおかげで先輩と再会し、先輩の斡旋で転職先が見つかった人、普段めったに通らない道を通ったおかげで中古のレコード店を発見し、そこで

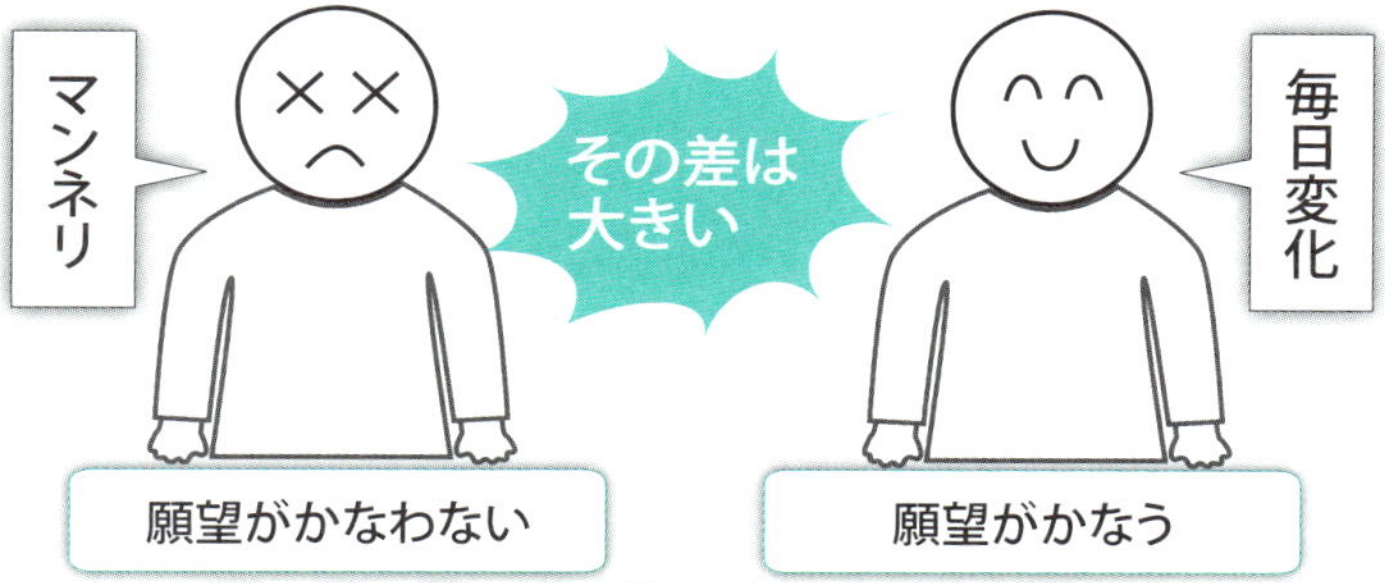

小さなことでもいいので変化のある日常を過ごすことは大きな願望達成につながる!

欲しかったCDをゲットした人などがいます。

では、具体的にどういったことを心がければいいかというと、次のように、行動パターンを割り振ることをお勧めします。

▼一週間に一度、行うこと

・違った道を通って帰ってみる。

・様々なジャンルの本、または雑誌を読む。

▼一ヵ月に一度、行うこと

・いつもと違うお店で買い物や食事をする。

・勉強会や異業種交流会などに参加する。

▼三ヵ月に一度、行うこと

・旅行する。

・ご無沙汰している友人・知人と会う。

言ってはいけない言葉　COLUMN 5

「あんな奴、不幸になればいいんだ」

同僚が先に出世を果たしたとき、「あんな奴、仕事でポカをやらかして、左遷されればいいんだ」

と思うのは、「会社は自分を認めようとはしてくれない」「同僚よりも能力が劣る」という敗北宣言にもつながります。

これでは、自分を否定することになるため、惨めになる一方です。

順調にいっている相手を妬んだところで、自分が得をするわけではありません。むしろマイナスの想念を潜在意識にインプットすることで、自分を窮地に追い込むだけです。

言い換えると、妬む気持ちを断ち切らないかぎり、悪運もまた断ち切ることができないのです。

他人の不幸を望むと結果的にどうなりますか。ここでは単純な算術は通用しません。自分も不幸になるだけです。

第6章

毎日を楽しく生きる至福の言葉

1

自分をもっといたわろう。

願望実現の大敵は外部にではなく内部にあります。その一つがストレスです。

ビジネスの最前線で活躍する人たちにとって、ストレスはつきものといえます。ストレスがたまりすぎると身体のぐあいだっておかしくなるし、その人をやる気のない無気力人間にしてしまう恐れだってあります。

そうなると、せっかく願望を掲げても、それに向けて情熱が注ぎ込めなくなるため、実現の可能性まで低下してしまいます。

しかし、夜遅くまでお酒を飲んでウップンを晴らしたり、休みの日にゴロゴロしているだけでは根本的な解決には至りません。

そこで「ストレスがたまって無気力状態が続いてやる気が出ない」という人は、**仕事以外に生きがいを感じる楽しみを見つける必要があります。**

「神社が好きなので、全国各地の神社を巡ってみよう」

「ガーデニングを始め、ハーブを育てよう」

こうしたことに没頭すれば、精神的な疲労が緩和されるため、再び、やる気・活気・元気を取り戻すことができるのです。

では、人間関係がこじれてストレスがたまってしまった場合は、どう対処すればいいのでしょう。

そういう場合は、思い切って休暇をとって一人旅に出かけるなどして、リラックスできる環境の中に身をおき、次のように自分自身の心的態度を振り返ってみるといいかもしれません。

「相手の立場に立って物事を考えただろうか?」

「感謝の気持ちを持って人に接していただろうか?」

そして、思い当たるフシがあったら素直に反省し、人に対する接し方を自分のほうから変えていくようにするのです。

いずれにしても、ストレスを感じたら、「自分をもっといたわろう」を口ぐせに、自分なりに気分転換を図る方法を考えるとよいでしょう。

2 NOと言えるようになろう。

つまらないことで妥協したり屈服すると、精神がマイナスに傾き、ストレスが増大します。

最近、あるシンクタンクが行った調査によると、職場における人間関係のストレスはアフター5や休日にまで及んでいるといいます。

「お酒のつきあい」「カラオケ」「休日のゴルフ」などがこれに相当し、なかには「うちは管理職になると、つきあいでゴルフをすることが多くなる。ゴルフも仕事のうちだからね。だから、ゴルフができないと上層部からマイナスの査定が下されるよ。出世できないと思ったほうがいい」と言ってくる上司もいるそうなのです。

また、もっとひどいケースとして、休日のたびに自宅に部下を呼びつけ、マージャンのつきあいをさせる上司までいるといいます。これでは、部下もたまったものではありません。マージャンが好きならともかく、イヤイヤつきあわされたなら、せっかくの休日が台無しになるだけでなく、ストレスまでたまってしまいます。

そこで、仕事以外の時間に心にもない妥協や屈服を強いられ、どうしても不快に感じる場合は、ちょっとばかり勇気がいるかもしれませんが、ある程度、自己主張してもいいのではないでしょうか。

結局、それを我慢していたら、ストレスがたまるだけではなく、自分の心の中に不快の感情まで充満します。そうなると、やる気・活気・元気が消え、無気力人間になったり、ひどい場合、ノイローゼになってしまう恐れもあるのです。

ただ、こういうと、「断ったのが原因で相手から嫌われたらどうしよう」と思うかもしれません。仮にそれが原因で**相手から嫌われたって、NOと言うことで快適な気分がキープできたほうが精神衛生上好ましい**と思うのです。

それに、従順な態度をとっているからといって、必ずしも良い評価が得られるというわけでもありません。むしろ、自主性のない人間としてマイナスの評価が下される場合もあるのです。

ただし、NOと言った場合、人から嫌われるストレスのほうが多い場合は、どちらがストレスを感じないか、よく考える必要があります。

3 人の目なんか気にしないぞ。

「みんなから良く思われたい」と考えているうちは、心が疲労困憊《こんぱい》します。別にみんなから良く思われなくていいのです。


「できることなら、周囲の人から良く思われたい。みんなから好かれたい」

このように、必要以上に他人の目を気にする人もストレスがたまりやすいといっていいでしょう。そういう気持ちでいると、たえず緊張を余儀なくされるため、精神が疲労困憊《こんぱい》してしまうのです。

そこで、思い当たるフシのある人は、これから次の3点を肝に銘じ、

「人の目なんか気にしないぞ」

と心の中で叫んでみましょう。気持ちがスーッと楽になるはずです。

①NOと言う

相手に一〇〇パーセント合わせる必要なんかありません。どうしても「いやだな」「気

分が乗らないな」と思ったら、TPOに応じてソフトにNOと言うようにしましょう。

②他人のあなたに対する評価は千差万別であることを自覚する

Aさんが「神経質な人ね」と言ってきても、Bさんは「几帳面な人」と思っているかもしれません。

Cさんが「気が強くてわがままだ」と言っても、Dさんは「責任感が人一倍強い証拠だ」と考えているかもしれません。

ですから、相手の評価にいちいち振り回されないように努めましょう。

③弱点をさらけ出してしまう

「他人から良く思われたい」という気持ちがそうさせるのでしょうが、人はえてして弱点を隠したがるものです。しかし、弱点を隠すというのは、ほころびが出ないようにとりつくろうことにほかならないため、それに意識を集中させると神経をすり減らし、ストレスまでためてしまいます。

そこで、弱点のある人は思い切って自分の弱点をさらけ出してしまいましょう。そうすれば力む必要がなくなるため、自然体で人と接することができます。

人はそういう人間に好感を寄せるのです。

4 シンプルに生きよう。

よけいなモノを持たない、考えない生活を心がけましょう。
幸福の源泉はシンプルな生活の中に潜んでいるものです。

近年の私たちの暮らしぶりは格段の進歩で、便利さや速さといった点からいえば、人間の歴史上、最高といえるかもしれません。インターネットで検索すれば地球の裏側で起きた出来事が数分でキャッチでき、携帯電話を使えばいつでもどこでも好きなときに相手と会話できるようになりました。

しかし、その内情はといえば、私たちの心からゆとりを奪い、たとえばパソコンが壊れるとパニック状態に陥ったり、携帯電話を持ち忘れただけで孤独感に陥る人まで登場……。こういう現象は十数年前まで考えられなかったことです。

「モノというものは、生活を便利にしてはくれるが、心までは豊かにしてくれない。快適にはしてくれない」という自覚を持ってもらいたいのです。

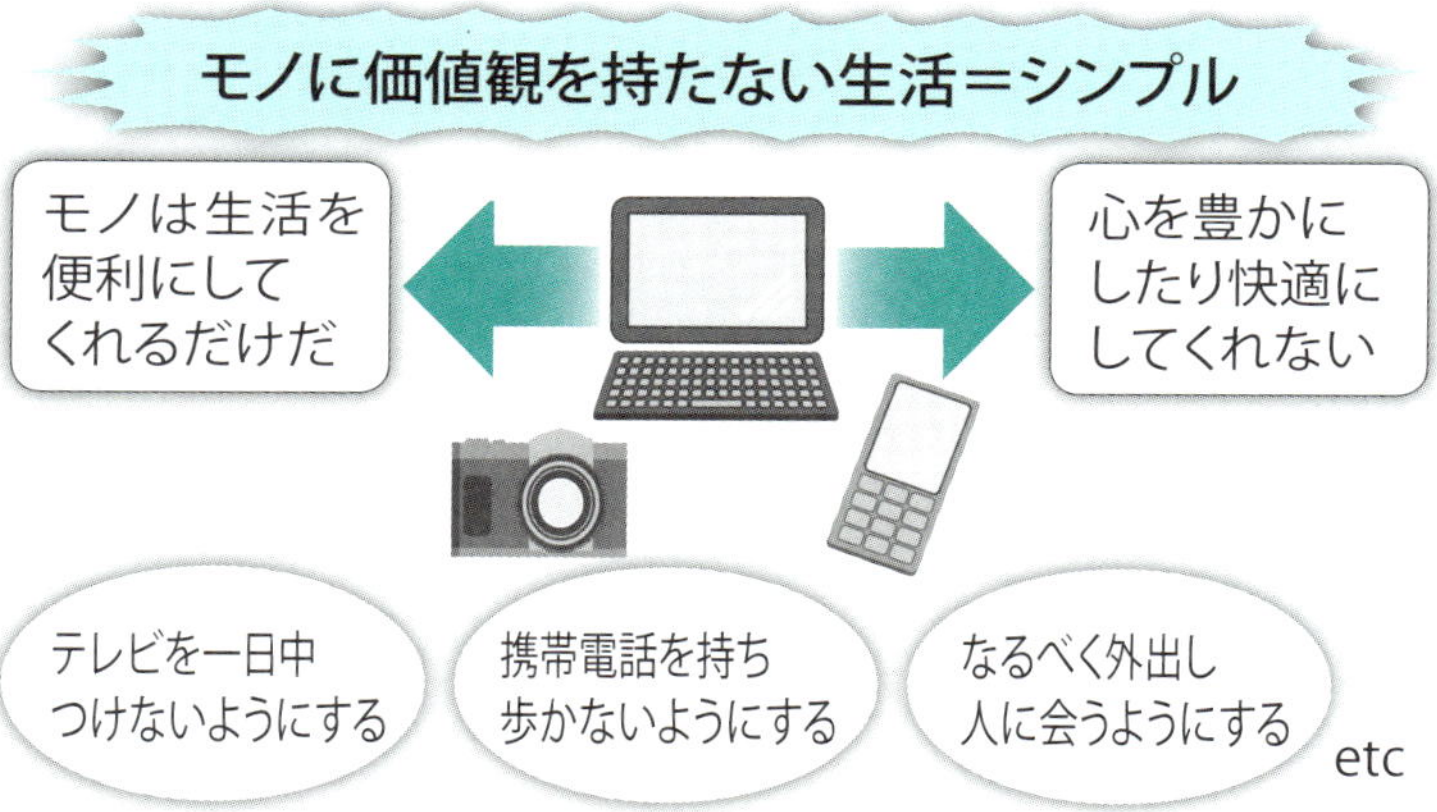
モノに価値観を持たない生活＝シンプル
モノは生活を便利にしてくれるだけだ
心を豊かにしたり快適にしてくれない
テレビを一日中つけないようにする
携帯電話を持ち歩かないようにする
なるべく外出し人に会うようにする
etc

そのためには、モノに価値観を見出すのはやめ、よけいなモノはなるべく持たない、使わないようにすることが重要になってきます。

といっても今の社会、パソコンや携帯電話がないと仕事に支障をきたすのも事実なので、当面は「シンプルに生きよう」を口ぐせに次のようなことを心がけてみてはいかがでしょう。

・たまにはパソコンにさわらない日をつくる
・人と会っているときは携帯電話を使用しない
（電源をＯＦＦにしておく）
・休日はなるべく人と話すようにする
・一週間に一度だけ自然に触れるようにする

一日が終わって床に就くころ、追われているような不安やつまらないこだわりといったものがスーッと抜け出していくのを感じるはずです。

5 私にはこんなに楽しみがある。

快適な気分に浸れる時間を定期的に設けましょう。

それがあるかないかで幸福の度合いも違ってきます。


「毎日がつまらないなあ。おもしろくないなあ」

と考えている人がいます。

しかし、こういう人でも楽しみを見つけることができます。

「週末、近所にあるスーパー銭湯に行くのが楽しみだ」

「寝る前に、ジャズを聴きながらワインを飲むとホッとする」

「休みの日、ドライブに行くと気分が爽快《そうかい》になる」


こうして挙げてみると、毎日がつまらないことだらけということはないのです。

その中身がなんであれ、快適な気分・爽快な気分になれる時間を増やしていけば、人生はもっともっと楽しくなるのです。

　余暇をうまく活用し、〝快〟に浸れる時間をどんどんつくるためには、次のように〝快〟に浸れる「予定」を意識的に設けるといいと思います。


「お風呂に入るときは、お気に入りの入浴剤を入れよう」

「一週間に一度は、退社後、同僚と食事をし、その後はカラオケに行こう」

「毎週、日曜日はテニスをしよう」

「月に一度はホテルでブランチを楽しもう」

「冬のボーナスが出たら、スキーに行こう」


　次にそれを手帳に書き込みましょう。

　そして、駅のプラットホームで電車を待っている間や仕事の合間などに、その手帳を眺めるようにするのです。

　きっと、**ストレスや疲労でマイナスに傾きかけていたマインドが、瞬時にプラスへと切り替わる**はずです。

6 自分へご褒美を与えよう。

仕事を頑張った人に会社が報酬を与えるように何かをやりとげたら自分にも報酬を与えなさい。

「ここ一ヵ月、残業して頑張ってきたので、決算の処理が無事にすんだ」「毎日、遅くまで頑張って勉強したので、資格試験に合格した」

このように頑張って成果をあげたときやつらいことを乗り越えたときには、「よく頑張った」ということで、自分自身にご褒美をあげるといいでしょう。

人間は張り詰めた状態が続くと、どうしてもモチベーションが低下してしまいます。これを放っておくと心に疲労物質がたまり、やる気が失せたり活気がなくなるなどして潜在意識がマイナスになってしまいます。その防止策の一環として、**何かを達成したときにご褒美で自分を祝福してあげて**ほしいのです。

そうすれば、モチベーションが高まり、気分も一新するため「よーし、また明日から頑張ろう」といったぐあいに、再度やる気が湧いてくるようになるからです。

大手保険会社に勤めるトップセールスマンのYさんは、月間の営業成績が一位になると、大好きな温泉に出かけて命の洗濯をするといいます。それも、一泊何万円もする高級な旅館やホテルに泊まるというのです。

「温泉にくると本当に幸せな気持ちになれるんです。とくに高級旅館は居心地が最高ですね。温泉に入り、ごちそうを食べると、日々のつらいことや苦しいことも吹き飛んでしまいます。もし、温泉にくる楽しみがなかったら、仕事もあんなに頑張れないでしょう」

Yさんにとって、常にトップセールスマンでいることは精神的にも肉体的にも大変なことです。

そこで、温泉というご褒美を自分にあげることで、エネルギーを充電しているというわけです。したがって「この仕事を仕上げたら、前から欲しかったラケットを買ってテニスを楽しもう」「資格試験に合格したら、香港に行ってエンジョイしよう」といったぐあいに、何かを達成したら自分にご褒美をあげるとよいと思います。やる気・活気・元気が倍増してきます。

7

童心にかえって思いっ切り遊ぼう。

人生を楽しく愉快に過ごすために、ときには童心にかえって思いっ切り遊んでみましょう。

楽しみごとを見つけるのがイマイチ苦手な人は、子どものころのことを思い出してみるといいかもしれません。

誰にだって子どものころは、夢中になったり楽しかった遊びがあったはずなので、それを再現してもらいたいのです。

たとえば「昔、食事も忘れてプラモデルに熱中したことがあったなあ」という人は、再びプラモデル作りに挑戦してみてはいかがでしょう。案外、童心にかえって熱中できるかもしれないし、大人用の高度なプラモデルなら立派な趣味として成り立ち、楽しみや張り合いが湧いてくるかもしれません。

また「子どものころ、キャンプした思い出が忘れられない」という人は、ちょっと大がかりになりますが、家族や友人を誘って山や海にキャンプに出かけてみるのもいいかもしれません。童心にかえって自然とふれあうことで、気分もリフレッシュすること請け合いです。それに、キャンプの計画や準備も楽しみの一つになります。自然の中でテントを組み立てたり、火をおこしたり、バーベキューなどをすれば、参加者共々、忘れられない体験ができます。

さらにまた「お祭りで御神輿《おみこし》を担いだことが楽しい思い出だ」という人は、地域のお祭りの会に参加してみるのも手です。

どこの地域にも、お祭り好きの人がいるので、そういう人たちと一緒に御神輿を担げば楽しく元気な波動を受けて、より楽しめるはずです。

それに、お祭りは古くから神聖なものなので、ハッピ、ハチマキ、タビといった祭りの衣装に身を包めば心身も清められ、運だって良くなるかもしれません。

マーフィー博士もこう言っています。

「子どものころに好きだったことや楽しい思い出をもう一度、自分自身の手でリニューアルすれば、自分が本当に求めていた〝快〟に遭遇できます。その〝快〟があなたの人生をよりいっそう豊かにするのです」

8

運動してスッキリしよう。

心がいつもマイナスの状態だとカビが生えてしまいます。心のカビを防止するには、体を動かし汗を流すことです。

ストレスがたまって、心がモヤモヤ、イライラしてしょうがないときは、運動などで汗を流して気分をリフレッシュするといいでしょう。

適度な運動は、新陳代謝が盛んになるため身体を活性化してくれたり、精神を安定させる効果があるからです。

運動は苦手だという人も、自分の年齢、体調、好みに合ったものを選んで、この機会に挑戦してみるといいかもしれません。

たとえば、リズミカルな音楽に合わせて有酸素運動ができるエアロビクスなどを行ってみるのも一つの方法です。テンポのある明るい曲の流れる中で汗を流せば、リフレッシュはもちろん、明るく元気になれ、ダイエットにも効果があります。

心身を鍛えるためには武道やヨガなどもいいかもしれません。とくにヨガは、健康や美容や若返りに役立つのはもちろんのこと、自律神経を整えたりストレスを解消する効果があるので、機会があれば一度ぜひトライしてみることをお勧めします。

ほかにも、野球、バレーボール、バスケットボール、サッカー、ボーリング、テニス、ゴルフなどいろいろなスポーツがあるので、自分に適したものからチャレンジしていくとよいでしょう。ただあまり過激にやりすぎると、ケガをしたり逆効果になってしまうことがあるので、そのあたりはくれぐれも注意してください。

もっと手軽に経済的にやりたいという人には、ウォーキングやサイクリングをお勧めします。これなら、いつでも、どこでも、簡単に行えるし、景色の良い場所で行えば、それだけで大きなマインド・リフレッシュ効果が得られます。

ちなみに、ヨガの教えでは、じっとして何もしないでいると陰の気が充満し、動けば陽の気が充満するといわれています。陽の気が充満するというのは、文字通り陽気になるということです。

心が暗くネガティブなときほど、意識的に体を動かすようにしましょう。心身ともにプラスの波動がみなぎるようになります。

9 今日は楽しいことがあった。

良い出来事だけをいつも思い出すくせをつけましょう。

人生は山あり谷ありで、ツイている日もあればそうでない日もあります。楽しい日もあれば、そうでない日だってあります。

しかも、人間の生活にはバイオリズムがあるため、ツイてない日や楽しくない日が何日か続くこともあります。そういうとき、私たちの気分はどうしてもふさいでしまいがちです。

そこで提案ですが、**つらいことがあっても、その中から自分なりのささやかな幸せを見つけ、それを毎日、日記に書き記してみてはいかがでしょう。**

「今日はきれいな花を見つけた」「ランチがものすごく美味しかった」「いつもと違って通勤電車で座れた」「今日は前々から欲しかったＣＤをゲットすることができた」

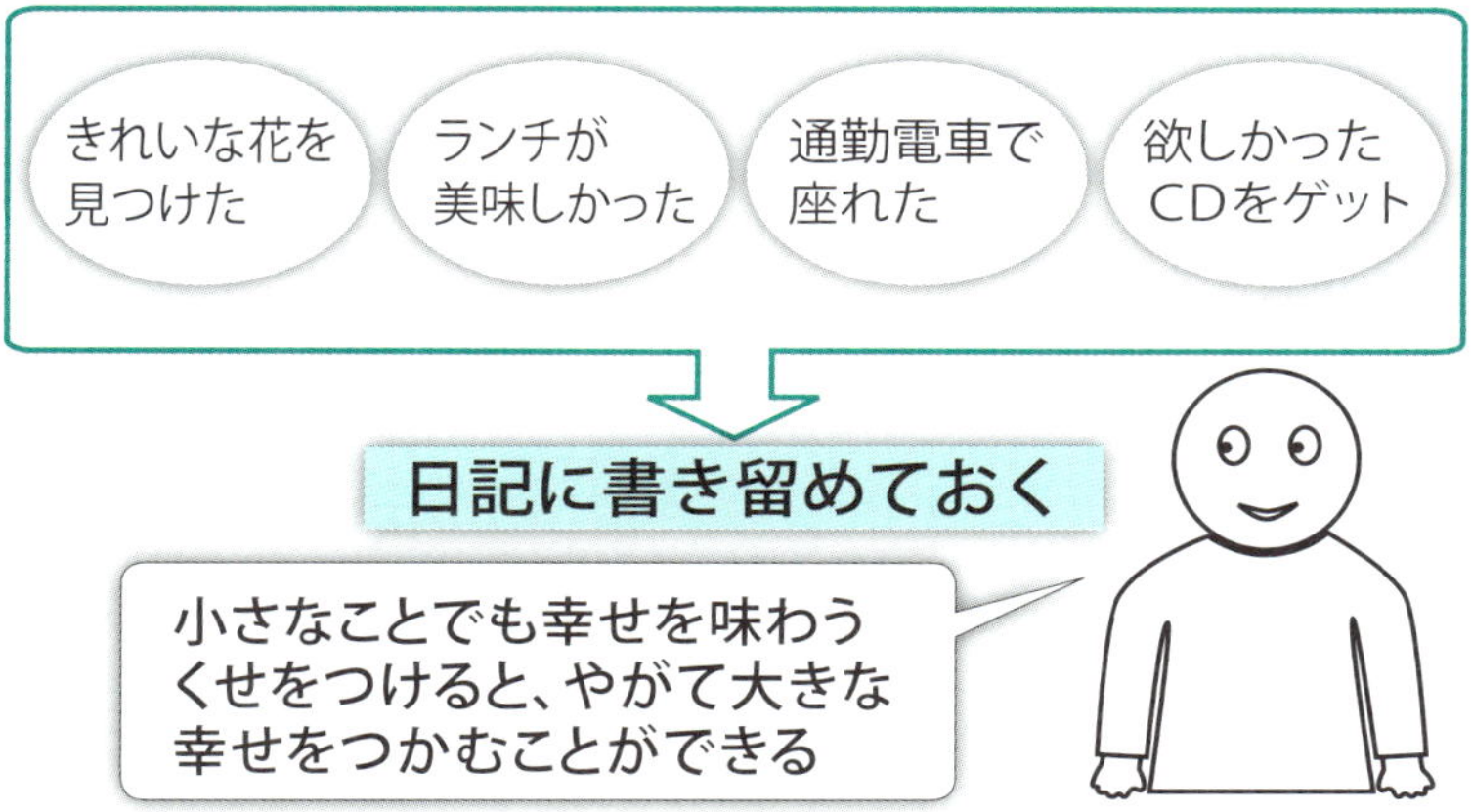
きれいな花を見つけた
ランチが美味しかった
通勤電車で座れた
欲しかったCDをゲット
日記に書き留めておく
小さなことでも幸せを味わうくせをつけると、やがて大きな幸せをつかむことができる

このように、良いことだけを日記に書き記すようにすれば、「今日はツイている」「今日は楽しいことがこんなにあった」という気持ちになれます。すると、それが潜在意識にインプットされるため、「良いことを思えば良いことが起きる」という心の法則にしたがって、ますます良いことが起きるようになるのです。

もし運を良くしたければ、今日から自分専用のポジティブ・ダイアリーをつけてください。それがいっぱいになるころ、あなたの状況は一変しているはずです。

マーフィー博士もこう言っています。

「小さなことであっても、幸せを味わうくせをつけなさい。そうすれば、より大きな幸せを引きつけることができます」

10

みんなが幸せでありますように。

運は連鎖反応します。
使えば使うほど増えていきます。

よく「理想の恋人もできたし、課長にも昇進できた。これで運を使い果たしてしまったかな」とか「独立して事業も軌道に乗り、念願のニュージーランドにも旅行に行くことができた。これで運を出しつくしてしまったかな」と考える人がいますが、それははっきりいって思い違いもいいところです。運というものは、使えば使うほど良くなっていくと思うのです。

ラッキーな現象が起きると、その人の潜在意識は幸福感に満たされ、ますます明るいことを考えるようになります。前向きに行動できるようになります。すると、さらなる幸運を呼び寄せることができるからです。「良いことを思えば良いことが起きる」という法則が今まで以上にプラスの方向に働くようになるわけです。

その場合、**自分の幸せだけでなく、他人の幸せを願うと効果はよりてきめん**です。前に述べたのでおわかりいただけたと思いますが、他人の幸せを願うという行為は、宇宙銀行に預金をすることにほかならず、満期になれば利息とともに巨大な恩恵として跳ね返ってくるようになるからです。

都内にOさんという億万長者がいます。Oさんはもともとサラリーマンで、三〇歳を機に脱サラしてお好み焼き屋を始めたのですが、これが「安くて美味しい」と評判で大当たりしました。それで儲けたお金を元手に今度は焼肉屋を始めたところ、これも大当たりしました。次にエスニック・フードのレストランを開業したところ、これも大繁盛するに至りました。どうして、やることなすことすべてうまくいくのでしょう。それは、Oさんがいつもお客様のことを考えているからです。

「お客様がお好み焼きを食べて幸せな気分になれますように…」

「お客様が焼肉を食べることで快適な気分になれますように…」

ということを何よりも優先して願っているからです。

人を幸せにしたり、喜んでもらえることを優先して考えれば、運はもっともっと良くなっていきます。

言ってはいけない言葉　COLUMN 6

「○○になったらどうしよう」

「リストラに遭い、会社をクビになったらどうしよう」「ガンになって苦しむようになったらどうしよう」……このように、物事を悪いほうへ悪いほうへと考えて、心配ごとを増やしてしまう人が意外と多いものです。

しかし、そういう気持ちでいることは、ある意味ものすごくバカらしいことでもあります。

仕事があるのに、家があるのに、健康であるにもかかわらず〝もしもの不幸〟を想像しておびえるのはナンセンスです。

もっとも、勘違いしないでほしいのですが、「いつも能天気でいる」と言っているわけではありません。心配している暇があったなら「そうならないように努力したほうがいい」ということを言いたいのです。

現実に起きてもいない事柄を想像して思い描くのは恐怖心です。そしてなにより恐ろしいのは、この恐怖が現実になりかねないということです。

第7章

富と繁栄を呼び込む至極の言葉

1 私は豊かになる。

金運アップはお金を愛することから始まります。富は良きものです。無視したり否定しないことです。


マーフィー博士の著書の中に次の話があります。

ある不動産会社に売り上げトップの成績を誇る優秀なセールスマンがいました。

ところが、彼は安月給でオンボロアパートに住んでいたので、博士が、

「あなたはどうして給料の値上げを要求しないのですか？」

と尋ねると、男性はこう答えました。

「やりがいのある仕事をしているし、家族がなんとか食べていければいいのです」

すると、博士は男性をたしなめるように、こう教え諭《さと》しました。

「あなたはすぐに会社に労働の対価を正当に要求するべきです。

それが無理なら会社を移りなさい。いくら会社に大きな功績をもたらしても、お金

がなければ本当に成功したとはいえませんよ」

マーフィー博士のアドバイスに素直にしたがった男性は転職を試みました。

すると、今までの何倍ものお金が入ってくるようになったのです。


さて、なぜこんな話をしたかというと、成功とは仕事の発展を通して、希望するだけの収入が得られるようになった状態をさす場合もあるからです。

こういうと、ちょっといやらしく聞こえるかもしれませんが、マーフィー博士がいう「お金儲け」は違います。才能が存分に発揮できたり、やりがいを感じる仕事を通して世の中に貢献しているという自覚があるなら、誰だって富を獲得する権利があるのです。

「宇宙に法則があるように、富を得るにも一定の公式があります。この公式にかみあった生き方をしなくてはなりません。そうすれば、あなたは必要なときに必要なだけのお金を手にすることができるのです」


富を得るにも一定の公式がある。富を得る公式を理解すれば、必要なときに必要なだけのお金が入ってくるのです。

2

私は正当な理由でお金を得る。

お金というものは、幸福になるための手段であって目的ではありません。

知人から聞いた話を紹介しましょう。

印刷会社に勤めるMさんは、あるとき知人の勧めで株をやりはじめ、若干ながらも儲けることに成功しました。これに味をしめたので、Mさんはますます株に興味を示すようになり、とうとうこんなことを考えるようになりました。

「株で一億円儲けよう。そうすれば、老後も安泰だ」

以来、Mさんは寝ても覚めても株取引に明け暮れ、趣味にしていたゴルフもやめ、人づきあいもないがしろにするようになりました。

そして、一〇年後の五〇歳のとき、彼はとうとう株で一億円を儲けることに成功しました。しかし、まもなくして大きな不幸に見舞われました。株に夢中になり家庭をかえりみなかったため、奥さんが愛想をつかして子どもを連れて家を出てしまったのです。それればかりではありません。彼自身もまた脳梗塞《のうこうそく》で倒れ、半身不随になってしまいました。そのため、お金はあるものの誰も世話をしてくれず、孤独となってしまったのです。そして彼はいつもこう嘆いているそうです。

「こんな身体では趣味もスポーツも楽しめない。おまけに誰も会いにきてくれない。オレはなんのために生きているのだろう」

その後、Mさんがどうなったかは知りませんが、この話から一つの教訓を得ることができます。それは、**お金はあくまで手段であって、目的ではない**ということです。お金そのものが目的になってしまうと、人生がいやらしくなってしまうし、Mさんのように誰からも相手にされなくなってしまうからです。

その意味で、私たちは、

「自分はなんのためにお金が必要なのか?」

「どういう目的でお金を使いたいのか?」

ということをきちんと認識しておく必要があります。すなわち、お金を得ようと躍起になる前に、**お金を得るための正当な理由を考えることが重要**になってきます。

3

○○のために、いくら欲しい。

お金が欲しいなら まず、そのための目的を明確にしましょう。

金運の悪い人と金運の良い人をつぶさに観察すると、おのおの共通点があります。それは、前者が「お金が欲しいなあ。お金があったら、美味しいものが食べれるのになあ」と漠然と思っているのに対し、後者は「高級ホテルの展望レストランで恋人と食事をしたい。だから、最低二万円のお金が必要だ」と具体的な金額を設定していることです。

では、なぜ前者がよくないのでしょう?

それは、「お金が欲しいなあ。お金があったら、美味しいものが食べれるのになあ」という漠然とした思いに問題点があります。すなわち、これは「お金がないから、美味しいものが食べれない」という思いにほかならず、現状の不満を潜在意識にインプットしていることになるのです。これでは、金運が悪いのは当たり前です。

ところが、金運の良い人は違います。

「高級ホテルのガーデンで鉄板焼きが食べたい。だから最低二万円のお金が必要だ」

といったぐあいに、お金を得るための目的を明確にしています。ですから、おのずと想念にも身が入ります。つまり、**「何がなんでも」という真剣さが潜在意識に伝わるため、潜在意識もその方向に向けてその人を誘導してくれる**ようになるのです。

そこで、「お金が欲しいなあ」ではなく、「〇〇のために、いくらいくらのお金が欲しい」と金額を具体的に設定してみてはいかがでしょう。そのためには、とにもかくにもその土台となる目標を明確にする必要があります。

具体的にいうと、

「ニューヨークに七日間旅行に行きたい。ついでに、向こうに行ったらブロードウェイのミュージカルも観たい。そのためには最低三〇万円のお金が必要だ」

といったぐあいに目標から先に設定し、必要金額を割り出すようにするのです。そうすれば想念の効果は上がり、あなたの思いが早期に潜在意識に伝達されるはずです。

4

これは生き金だ。

お金には心がありません。意思や魂もありません。だから使う人の人格によってその価値が決まってしまうのです。

お金持ちにはケチな人が多いといいます。

Eさんという人がいます。Eさんは以前、ビジネスで大成功をおさめ、一代で巨万の富を築きあげたNさんという人と食事をしたことがありました。その場はNさんがご馳走してくれたのですが、帰り際、伝票をチェックするやいなや、ウエーターにこう文句を言ったそうなのです。

「私たちは、アイスコーヒーは飲んだ覚えはない」

つまり、こういうことです。二人は食後にホットコーヒーを飲んだのですが、ウェーターの勘違いで、伝票にアイスコーヒーのオーダーが記入されていたのです。しかも、アイスコーヒーのほうが五〇円割高になっていたので、そのことを指摘したというのです。

さて、こう書くと、「金持ちはケチ」という印象がいっそう強くなるかもしれません。しかし、

「お金持ちは〝生き金〟と〝死に金〟の見分け方を知っている。だから、道理に合わないお金はできるだけ使わない」

「その代わり、生きがいの創造を担ってくれることや、社会にとって有益なことには、いっさい出し惜しみをしない」

つまり、どういうお金が〝生き金〟で、どういうお金が〝死に金〟かを、Nさんは身をもって示してくれたというわけです。

したがって、お金を使うにあたり、「これは生き金か？　それとも死に金か？」をいちいち吟味してみるとよいでしょう。

そして、「これは死に金だ」と思ったら、できるだけ使わないようにする。そうすれば、無駄な出費をおさえるだけでなく、そうして貯めたお金が呼び水となって、新たなお金を呼び寄せてくれるようになるのです。

5 ありがたい。こんなに得をした。

少しでも得をしたらオーバーに喜びましょう。その波動がさらなる得をもたらしてくれるのです。

「無駄な出費をおさえれば、それが呼び水となって、お金がお金を呼び寄せてくれる」といいましたが、同様に欲しいモノが定価より安く手に入ったり、ただで入手できたときも心の中でこう叫ぶといいでしょう。

「ありがたい。こんなに得をした」

こういう気持ちを抱けば、**「ありがたい」というリズムがリズムを呼んで、ますます大きくなっていく**からです。

つまり、「類友の法則」にしたがって、似たような現象がどんどん起きるようになるのです。そのためには、「毎月、何にいくらぐらいのお金がかかるか」をあらかじめチェックしておき、次のように些細なことでも喜ぶ習慣を身につけておくといいかもしれません。

「家賃の更新で、来月から二千円も安くなる。ありがたいことだ」

「ありがたい。八百屋でトマトを買ったら、消費税分をおまけしてくれた」

「今月はいつもの月より電気代が安い。ありがたい」

同様に、人からご馳走になったり何かをもらったときも、次のように針小棒大に喜ぶようにしましょう。

「買えば何千円もする健康食品をいただいた。ありがたいことだ」

「ありがたいことに、今日は得意先の人にお寿司をご馳走になった。普通に食べたら何千円もしていた」

ただ、誤解がないようにいっておくと、**ケチと倹約は違います。**すべてにケチケチし、肝心なときに出し惜しみをすると、お金が入ってくるチャンスを逃したり、周囲の人から嫌われてしまうのでくれぐれも注意が必要です。

人づきあいや人を助けるとき、あるいは「マンションを購入したい」「自分のお店を持ちたい」といった**夢や願望の実現のためなら、ためらうことなくお金を投資したほうがいい**でしょう。

6 私はお金持ちだ。

今、裕福でなくても、あたかも裕福であるかのように振る舞いましょう。それはやがて現実となります。

お金持ちになるための方法の一つとして、すでにお金持ちであるかのように振る舞うといいかもしれません。

あたかも、**お金持ちであるかのように振る舞えば、**「私はお金持ちなんだ」という感情が湧き起こります。すると、それが想念となって潜在意識に強くインプットされるため、**潜在意識もその方向に向かって作動を開始する**ようになるからです。

たとえば、一年に一度でいいですから一流ホテルや高級レストランなどを利用してみるのです。

実際、おしゃれをして、高級感の漂う場所で、店員のていねいなサービスを受けながら、よりすぐりの美味しいご馳走を食べ、気持ちのいいベッドで寝れば、とてもリッ

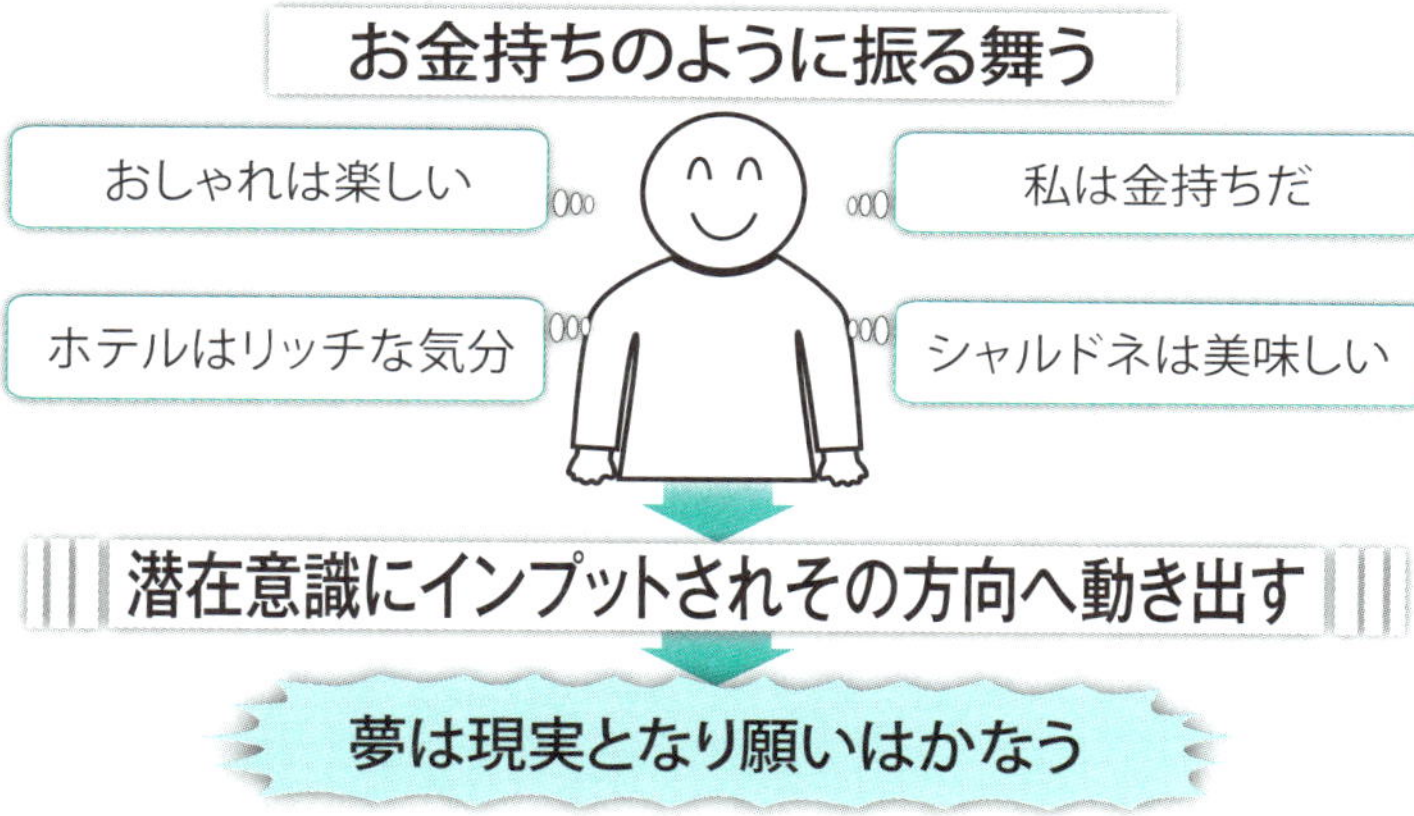

チで豊かな気分になること請け合いです。

「本当にお金持ちになったみたいだ」

という気持ちが強まります。

すると、その思いを受け取った潜在意識も本気になってその人の願いをかなえようと、誘導措置をとってくれるようになるのです。

しかし「とてもじゃないけど、そんな余裕なんてない」という人は、一流ホテルのラウンジなどでお茶を飲んだり、ロビーでくつろぐだけでもけっこうです。

これならお金もほとんどかからないだろうし、ふだんの生活から離れて高級な雰囲気に浸れるはずです。また、**たまに外国へ出かけるのも効果があります。**とくにヨーロッパやハワイなどは気分をリッチにすることができます。

7 金運が良くなる。

暗示の力は強烈です。常に肯定的な暗示を自分自身に送るようにしていれば、どんな願いもきっとかなうはずです。

お金持ちになるために、おまじないや縁起を活用するのも意外と効果があります。その際、迷信だとバカにしたり、不審の気持ちを抱かないようにするのがポイントになってきます。要するに、**自分自身の潜在意識に「私は絶対にお金持ちになれるんだ」という思いを送り込んでもらいたい**のです。

そのやり方ですが、まずは自分の過去を振り返って、次のように金運が良かったときのことを思い出してみましょう。

「そういえば、ランチにオムライスを食べた日に臨時収入が入ったっけなあ」

「この洋服を着ていた日に、少額だけど宝くじが当たったなあ」

そして、そのときと同じような行動をとってみるのです。そうすれば、以前と同じように金運がアップする可能性が大です。なぜかというと、同様の行動をとることで、「また同じことが起こるかもしれない」という気持ちになれ、その思いがプラスの想念となって潜在意識にインプットされていくからです。すると、想念を受け取った潜在意識も、その方向に向かって作動を開始するようになるのです。

しかし、そういう経験がない人は、一般的なおまじないや縁起かつぎから始めてもかまいません。

巷には、「黄色いお財布を持つとお金が入ってくる」「お財布の中にヘビの抜け殻を入れておくといい」「タイガーアイという天然石を持つとお金が入る」「金運に御利益のある御守りを身につける」など、いろいろな効用をうたったグッズがあります。

そこで、気に入ったものがあれば、それらを活用してみるのです。繰り返しいいますが、その際、バカにしたり、不審の気持ちを抱かないようにすることです。

要するに、「お金が入ってくる」というモチベーションを高めるための一環として用いるようにするのです。

そして、「これで間違いなく金運が良くなる」と思えてくればしめたものです。思いは現実に近づくようになります。

8

富を分配しよう。

富を得る最大の秘訣は惜しみなく人に尽くすことです。やがて十分すぎる富をあなたは手にすることができます。

再び、マーフィー博士の著書の中に記されている話を紹介しましょう。

アメリカの中西部で小さなハンバーガー・ショップを営んでいる男性がいました。彼の夢はハンバーガー・ショップのほかに何軒かのレストランを持ち、フランチャイズ展開していくことでした。

そんな彼の夢にほだされたのでしょう。あるお金持ちの女性が彼にひとめぼれし、二人はめでたく結婚の運びとなりました。

男性の成功を願う彼女は、彼のためにレストランを購入しました。すると、そのレストランはまたたく間に繁盛するようになりました。そこで、男性はその収益の一部を病院に寄付したところ、その病院に入院していた地主が感動し、土地を無償で提供してくれ、レストランの二号店を出すことに成功しました。

そして、そのレストランも大繁盛するようになり、その収益の一部をフランスのボランティア団体に寄付したところ、フランスからも出店の要請がきました。こうして、十年もしないうちに、彼はレストランのフランチャイズ化に成功し、億万長者になることができたのです。

さて、なぜこんな話をしたかというと、儲けたお金を社会に還元すれば、その行為が宇宙銀行に預金として蓄えられ、それが積もり積もれば、預金分プラス利息分の恩恵を現象世界に引き出せるようになるということを強調したいからです。

もし**お金持ちになったら一人占めせず、寄付などして少しでも世の中のため、困っている人のために役立てることが重要です。**そうすれば、宇宙銀行の預金が増え、満期になったとき、そこから希望に見合うだけの預金が引き出せるようになるのです。

よく、ユダヤ人が豊かなのは「什一税《じゅういちぜい》といって収入の十分の一を社会事業などに寄付する習慣があるからだ」と指摘する学者もいます。

●著者略歴

植西　聰（うえにし・あきら）

東京都出身。著述家。学習院大学卒業後、資生堂に勤務。
独立後、人生論の研究に従事。
独自の『成心学』理論を確立し、人々を明るく元気づける著述を開始。
95年、「産業カウンセラー」（労働大臣認定資格）を取得。

【主な著書】
◎「折れない心」をつくるたった1つの習慣（青春出版社）
◎平常心のコツ（自由国民社）
◎「いいこと」がいっぱい起こる! ブッダの言葉（三笠書房）
◎話し方を変えると「いいこと」がいっぱい起こる!（三笠書房）
◎ヘタな人生論よりイソップ物語（河出書房新社）
◎「カチン」ときたときのとっさの対処術（ベストセラーズ）
◎運がよくなる100の法則（集英社）

【近著】
◎嫌なことを笑って済ませる心の習慣（さくら舎）
◎「水」のように生きる（ダイヤモンド社）
◎鈍感になるほど人生がうまくいく（講談社）
◎悩みごとの9割は捨てられる（あさ出版）
◎人生がうまくいく引き寄せの法則（扶桑社）
◎すぐやる技術（海竜社）
◎マーフィーの法則 人生の9割は思い通りになる!（廣済堂出版）

企画・制作／株式会社東京出版企画
編集協力／株式会社モデリスト
オフィス・スリー・ハーツ
カバーデザイン／若林繁裕
本文DTP／松下隆治

本書は2004年に成美堂出版から刊行されました『マーフィー「運」と「お金」と「言葉」の法則』
をもとに図版を加え、大幅に加筆、再編集したものです。

人生が好転する
ブレない心を育てるコツ
2016年10月9日　初版　第1刷発行

著　者　　植西　聰
発行者　　木村通子
発行所　　株式会社 神宮館
〒110-0015　東京都台東区東上野1丁目1番4号
電話　03-3831-1638（代表）
FAX　03-3834-3332
印刷・製本　誠宏印刷 株式会社

ISBN　978-4-86076-347-3
Printed in Japan
神宮館ホームページアドレス　http://www.jingukan.co.jp
1690180